植田忠義

「激変の時代」のコンビニフランチャイズ

オーナーたちは、いま

花伝社

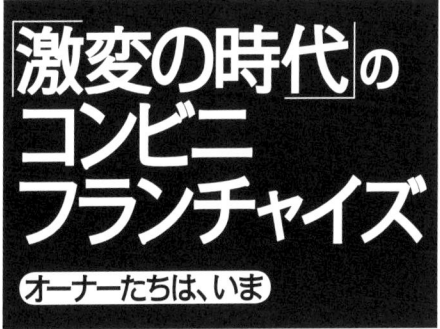

「激変の時代」のコンビニ・フランチャイズ——オーナーたちは、いま◆目次

序章　フランチャイズ産業のより健全な発展のために　5

第Ⅰ部　激変の時代のコンビニ・フランチャイズ

第1章　新しい段階を迎えたコンビニ・フランチャイズ業界　14
第2章　コンビニ最前線――新しい変化　22
第3章　コンビニ本部が問われ始めた基本問題　30
第4章　過重労働の中での深刻な健康被害――コンビニ・フランチャイズにおける労働実態　39
第5章　フランチャイズ業界と法整備の最新動向　45
第6章　《特別対談》コンビニ・FCの現状と展望を語る　54

第Ⅱ部　コンビニ・フランチャイズ加盟店のための何でも相談室

1　コンビニ店経営の将来性　84
2　「中途解約違約金」問題　91
3　「売上予測と実際の売上の差」の問題　98
4　これからの時代と本部選びのポイント　105
5　「契約前に本部が約束したことが実行されない」問題　113
6　「同じ本部（同じ看板の店）が近隣に集中出店する」問題――ドミナント方式　121

7　「本部が契約の更新を一方的に拒否する」問題　129
8　「本部が商品などの仕入れ先を強制する」問題　136
9　営業時間は加盟店が決められないか　143
10　FC本部から離脱し独立して今の事業を続けることはできるか　150
11　「ロイヤルティー（チャージ・本部への納付金）」問題　157
12　加盟店は裁判に勝てるか、裁判に勝つためには何が大切か　164
13　加盟店は裁判に勝てるか、裁判に勝つためには何が大切か　その2　171
14　契約してから開店できなくなったが、それでも「解約違約金」は払うべきか　179
15　加盟店の不利を補完する「FC法」実現の展望・可能性について　186

あとがき　193
初出一覧　195

序　章　フランチャイズ産業のより健全な発展のために

日本経済は、主要な資本主義諸国のなかで、もっとも景気の落ち込みが激しい状態が続いています。GDPもイタリアその他に追い抜かれる事態になっています。

アメリカ、東南アジアに進出しているラーメンのフランチャイズ本部、某社の幹部は私に、「日本だけが元気がない。なぜだろう」と語っています。

この「不況」の中心内容といえる、労働者の収入減と年金生活者を含む国民多数の先行きへの不安が、買い控え・消費節約という現象を引き起こしています。そうした消費者意識、購買行動への対応策として、コンビニなども「低価格商品」の開発に力点を置いています。

一九七〇年代まで「世界に例がない」とも言われた高成長を遂げた日本経済は、今「世界的に見て異常な低成長」下にあり、その影響はフランチャイズ業界にも及んできているのが実情です。

不況の影響を受けつつ「右肩上がり型」

よく知られているように、一九九〇年代に入り、いわゆるバブル経済がはじけて、日本のあらゆる産業が体験したことのない低迷期に陥りました。ところがその時期にも、フランチャイズ産業は「右肩上がり」を続けました。

実は、それまで我が国においては、フランチャイズ産業が注目されることはありませんでした。九〇年代後半に入ってようやく、他産業から注目されるようになりました。そして今も、全体としては伸び続けています。伸び率の低下ということはありますが、他産業との比較では、依然として「右肩上がり傾向」です。コンビニでは、前年同月比での売上、客単価などの減という事態にはありますが、三年間、五年間という単位で見れば衰退産業と見るのは正確でないでしょう。

フランチャイズの「基本型」

ここで簡単にフランチャイズビジネスについて説明しておきたいと思います。フランチャイズの基本的な仕組みは、ある企業が開発したノウハウをフランチャイズ方式を活用して事業展開することを決めた企業、これを「フランチャイズ本部」と呼びますが、まずフランチャイズ本部が誕生します。

本部は自社が開発したノウハウを活用して、事業を始めようとする事業者を募集します。そして、応募した事業者と契約を結びます。この契約書が「フランチャイズ契約書」です。本部と契約を交わした業者を「加盟店」と呼びます。「店」とは限りませんが通常、「加盟店」という表現が一般的です。「加盟者」と呼ぶ場合もあります。

加盟店は、本部の支社とか支店ではなく、「独立した事業者」です。従って事業に必要な設備・什器備品、家賃、水道光熱費などの経費や雇用する労働者（パート・アルバイトを含む）の賃金は加盟店が負担します。資金と労働力は加盟店持ち、これが基本型です。

加盟店は本部が開発したノウハウ、商標その他を使用して事業を行うわけですが、その使用代金や商品開発、店舗指導などの経費として一定額を本部に納入します。これをロイヤルティー又はチャージと呼びます。売上の如何にかかわらず定額（例えば一ヵ月一〇万円）という定額型と、売上に応じての定率型（例えば売上の三〇％）があります。商品によってこの率が異なる方式もあります。

コンビニだけがフランチャイズではない

フランチャイズと言えばコンビニと思われがちですが、実態はそうではありません。判明している範囲で見ますと、一〇〇〇社を超える本部のうち、コンビニは四〇社程度です。加盟店は二〇万を超えますが、コンビニはそのうちの五万以下です。コンビニ以外のフランチャイズ本部・加盟店が多数派です。印刷、住宅リフォーム、不動産、運送、ホテル、理容、美容、食品スーパー、そば、うどん、ラーメン、食堂、喫茶、菓子店、ピザ、居酒屋、学習塾、介護施設、保育園、家電店、薬店、眼鏡店、洋服店などあらゆる業種に及んでいます。

広い視野でフランチャイズを把握する

フランチャイズ本部の圧倒的多数は中小企業です。資本金一〇億円以上で株式を公開している規模の本部はほんのわずかです。加盟店が二店という有限会社の本部もあれば、セブン‐イレブンのような、加盟店が一万を超えるという規模の本部もあります。

フランチャイズ産業を論じる時、こうした全体を把握することが重要です。特定のコンビニ本部の現状だけを見て、フランチャイズの課題や問題点に置き換えるわけにはいきません。

また、フランチャイズ産業があらゆる業種に及ぶとともに、フランチャイズ本部と取引する食品や雑貨品の製造、印刷、運送、通信など関連業者も広がっています。本部、関連業界、加盟店、これらフランチャイズ関係全体で、そこに従事する労働者が二〇〇万人を超えることは間違いないでしょう。フランチャイズ産業の動向、盛衰が我が国経済社会に及ぼす影響度は、年々高まっています。

さらに、国民・消費者の立場からフランチャイズ産業をとらえる、という視点も欠かせない点です。例えば、コンビニだけを見ても各コンビニ店の一日の来店者数は六〇〇人程度です。単純に推計しますと、毎日二五〇〇万人はコンビニを利用していることになります。それに、先にあげた学習塾や各種飲食などのフランチャイズ店の利用者を加えますと、優に毎日三〇〇〇万人の国民が利用している計算になります。全人口の三人か四人に一人は毎日フランチャイズ産業に接していることになります。このような到達点全体を視野において考えることが求められる事態です。

本部と加盟店の関係改善をめぐって

フランチャイズ産業が経済社会での位置・役割を高めるとともに、本部も加盟店も社会的責任への自覚を高めることが求められることになります。二〇〇九年頃から、経済産業省も㈳日本フランチャイズチェーン協会に対する「指導・要請」を強めるという、これまでにない状況が生まれました。本部としても、こうした流れを受けて、「本部と加盟店のより良い関係確立」への新しい探求を始めています。

また、加盟店側でも、「オーナー会」や「コンビニ加盟店ユニオン」など自主的な加盟店の組織づくりの運動も高揚し、各種の問題で加盟店が本部を提訴する例も増大傾向にあります。そうした意味では、二〇〇九年という年はフランチャイズ産業の歴史で、一つの「転換の年」として記すことができるかもしれません。

セブン‐イレブンを先頭にコンビニ本部は、加盟店オーナーによるこうした自主的な運動のこれ以上の発展を極度に恐れ、警戒し、その沈静化に努めているのが実際です。

二〇一〇年の春、コンビニのオーナーが集まって情報交換しました。そこにはセブン‐イレブンだけでなく、他の本部の加盟店も参加していましたが、共通して出た声は「本部は変わった」という声でした。たとえば、従来だったら簡単には認めなかった、本部以外のところから商品を仕入れることを「いいのではないか」と簡単に認めたとか、言葉遣いが丁寧になったとかの実情が話されました。「FC契約書」と「マニュアル」を楯に、「本部方針で統一」「画一性」を強調し、強圧的・強権的に加盟店の自主的営業方針などを禁じる姿勢が影をひそめつつあるのです。話題になった「見切り販売制限」についても、あるコンビニ本部は、従来よりも「見切り販売」をやりやすくする新方針の導入を決めています。こうして加盟店の要望・提案・意見をよく聞くという方向が生まれています。

一方で、本部と「対決する」ことを柱にした加盟店の集団的行動の沈静化のために、「突出した言動」を発する加盟店に対して、個別面談を精力的に行うという動きもあります。

この両面の新しい動きが、今後どのような歩みをたどるかは不明です。私としては、双方がフランチャイズビジネスの基本、本質である、「協働の事業」という点を確認しあって、お互いに非は非として冷静に認め合うことができるか、そこにポイントがあると考えます。

「オーナー会」の立ち上げにせよ、「加盟店ユニオン」にせよ、加盟店の自主的な運動が本部の「力」で圧殺され、加盟店が「やってもムダだ」という事態になったとすれば、本当の解決にはならないだろうと考えます。「本部と加盟店のより良い関係」の確立を本気でめざすというなら、なぜこういう事態・現象がうまれたのか、真因を理性的に解明すべきでしょう。それは、可能なことです。加盟店の多数は当たり前の思考をする人たちであり、本部の中枢幹部のみなさんも、道理を道理と判断する有能な方々です。そういう意味で、事業としても、人間関係という面からも、より良い解決への条件も可能性もあると考えています。

加盟店の実際に視点を据えて

本書は加盟店の実態に軸足を置いています。

フランチャイズ問題、コンビニ問題をテーマにした出版物はこれまで多数あります。それらと比較した本書の特色は、①コンビニだけを対象にしていない②問題点、暗部だけでなく、積極的役割を発揮している面にも目を向けた、という点です。

大きな位置・役割を発揮しつつあるフランチャイズ産業の、より健全な発展をねがう立場から、いくつかの問題点もとり上げました。これがすべてとはとても言えるものではありませんが、何らかのお役に立てれば幸いです。

第Ⅰ部　激変の時代のコンビニ・フランチャイズ

第1章　新しい段階を迎えたコンビニ・フランチャイズ業界

最近、コンビニ業界の動向がマスコミで話題になることが急増している感があります。コンビニの二四時間営業を自治体が環境対策の一環として規制する動きが広がったこと、コンビニ業界の年間販売額が百貨店業界を抜いたこと、セブン‐イレブンが弁当・惣菜などの「値引き販売を制限」した行為が独占禁止法違反にあたるとして、公正取引委員会が「排除措置命令」を下し、セブン‐イレブン本部がこれを受け入れたこと、などです。テレビその他が、こうした問題を大きくとりあげること自体、コンビニが多くの国民の日常生活のなかで、欠かせないインフラ的機能を発揮している実情を反映していると言えるでしょう。

実際、コンビニは「小売業」という枠を大きく越え、「生活総合サービス産業」と呼ぶのがふさわしい状態に到達しています。日常生活に必要な商品の販売という面でも、野菜や魚、薬などその扱い商品を広げているのに加え、宅配便、メール便、コンビニポスト、公共料金の収納、飛行機・新幹線の予約、ホテル予約、各種の代金収納扱い、銀行ＡＴＭなどサービス部門の拡大は著しいものがあります。「コンビニがなくなると日常生活に支障をきたす」存在になっています。

しかし、表面的な「成長・発展」の業界の内実には、個々の加盟店の「犠牲の上に成り立っている」という、隠された根本問題が存在しているのです。数万の加盟店の自覚的な、自らの店の経営を守ろうという運動と経済的な業界の位置・役割の高まりに伴う、社会的責任を問われる事態が結びついて、一気に「暗部」が表面化しました。

いま起こっている問題とその打開の方向性について、述べてみたいと思います。

一　表面化した主要な問題

1　「値引き販売への制限」問題の本質

弁当、おにぎり、パン、惣菜など「日販品」と呼ばれる商品について、売れ残りを避け、本部が決めた販売時間内に売りさばくために個々の店の判断で「値下げ・見切り販売」する行為を、セブン‐イレブンが「契約違反行為」と制限していました。公正取引委員会が、この行為は独占禁止法で禁じている「優越的地位の乱用」に当たるとして、排除するよう命令を下しました。セブン‐イレブンは、この命令を受け入れ、値引き販売を認めることになり、一つの決着となりました。

なぜコンビニでは「値引き販売」がなかったのか

しかし、本質的な問題は何ら解決していないのです。この問題の本質は、コンビニの独特の「会計方式」です。スーパーなどでは、「値引き販売」が常識化していますが、コンビニでは「値引き」はないのが常識化されています。消費者もそういうものと受けいれている実態があります。なぜ、コンビニに「値引き販売」がなかったのでしょうか。

それは、売れ残った「廃棄」（捨てる）商品にも「チャージ」（ロイヤルティー＝本部への一定率での納付金）が課せられるという、独特の会計方式があるからです。加盟店では、値引きしてでも売り切った方が、廃棄するよりも利益が出るのです。本部は、売れ残っても廃棄処分にした方が本部利益になる、この会計方式が問題の本質です。

本部の「強権的支配」に風穴を開けた意味は大きい

今回、公正取引委員会が、「値引き制限」を独禁法違反と断じた面は積極的意義があるのですが、根本問題には全く触れていないのです。とは言え、本部の「強権的支配」がまかり通っていたＦＣ業界で、風穴が開けられたことは大きな出来事でした。長らく本部に対してさまざまな要求や提案を続け、あるいは抵抗を繰り返してきた多くの加盟店は、「自らの運動、力で変えられる」一つの確信をつかんだのでした。

見切り販売を実行している加盟店では、利益が大きく増えたという声が少なくありません。また、これまで「制限されていた結果、享受できたはずの利益が失われた」として七人のセブン-イレブン加盟店が損害賠償を求め、提訴しています。セブン-イレブン本部は公取委の命令を受け入れて改善措置を講じましたが、「値引き販売がやりにくい」方式であるなど、まだこの問題は完全な解決とは言えない面を残しています。

2　二四時間営業など環境問題

環境問題・地球温暖化対策でのコンビニ業界への影響はさらにひろがる様相です。二四時間営業の規制は、いまのところ地方自治体が独自に条例を制定して規制するという可能性は乏しくなっていますが、現状のままで良いのかという議論は続いています。各種調査での国民世論は、「法令で規制する」ことでの合意には至っていないと見るべきでしょう。さらに、レジ袋の無料配布への批判の声も高まっています。この問題では、業界は削減目標も決めてレジ袋使用を減らす方針を実行中です。売れ残った弁当など食品の大量廃棄への国民的な批判の高まりもあって、飼料に活用するなど再利用も一部実行されています。電力消費を減らすための方策も一部実行中のものもあります。

コンビニ一社で二〇〇〇億円超える食品が廃棄

こうした環境対策関連で、一定の努力はあるというものの、全体として消極的であり、業界あげて取り組むという姿勢にはほど遠いと言うべきです。地球的規模で見た時、食糧不足で子どもの死者が増大している国がある一方で、日本ではコンビニ一社で二〇〇〇億円を超える食品が廃棄されている実情で、業界への国民の批判はさらに高まることは必至でしょう。

二四時間営業問題は、加盟店側で言えば、深夜の営業は赤字という店が大半であり、オーナーや従業員の健康悪化という、深刻な問題が続いています。コンビニ向け商品を製造する事業所、原材料や商品の配送業者など関連事業所とそこに働く労働者を含めて、三六五日、二四時間営業を基本にしたシステムの弊害は、そのあり方を根本から問われ始めています。

3　揺らぎはじめた本部と加開店の「信頼」関係

フランチャイズ加盟店が公然とオーナーの会を組織し、本部と対等の関係を確立しようという動きが広がっています。コンビニ以外の業種にもこのような動きがありますが、注目されるのは、セブン‐イレブンの加盟店が結成した「コンビニ加盟店ユニオン」です。二〇〇九年八月に岡山でついに旗揚げしました。一応、執行委員長など役員体制も決まり、会費も徴収し始める段階になっています。労働関係法が適用される組織を結成して、「団体交渉権」を確立して本部と対等に交渉するのが目的です。

私たち全国FC加盟店協会は、この動きについて〝当会は、フランチャイズ加盟店は事業経営者であり、会はこの立場に立って「加盟店の経営権の確立」を今後も追求していく。従って、加盟店は本部に使用されている立場という見方には立たないし、労働組合づくりに会として取り組むことはしない〟〝結社の自由はあり、加盟店の労働組合づくりを頭から否定することはしない〟〝当会の会員が、この組合に加入することを問題にはしない〟という三点の基本を総会で確認しています。「コンビニ加盟店ユニオン」への評価はしばらく経過を見るべきだと考えます。

加盟店への「報復」ともとれる攻撃に出る本部

セブン-イレブン本部は、公取委の「排除措置命令」を受け入れ、新方針を決定したあと、いま、加盟店の運動への「報復」ともとれる攻撃に出ています。その一つは、二〇名を超える加盟店オーナーに対して「契約解除通知」を発したことです。また、本部と加盟店が一体になってつくっている「緑の基金」という組織（地域貢献活動の資金づくりの組織）の名で、「ユニオンとは一線を画す」立場に立つとし、「加盟店ユニオンの主張は全国のセブン-イレブン加盟店の意志とは異なる」と宣言、この趣旨への「賛同署名」の提出を求める行動に出ました。この文書には「基金」役員加盟店オーナーの名前が明記されています。

加盟店と本部の信頼関係は

「セブン‐イレブン緑の基金」事務所はセブン‐イレブン本社に置いており、本部とは自立した組織ではありません。本部の承認なしにできる行為とは思えませんが、本部は加盟店の質問に対して「本部は関係ない」と言い切っていました。こうしたやり方で一段と加盟店と本部の信頼関係は破壊されつつあります。後日、こういう行動をとったことは間違いであったという謝罪文が送付されたのですが、そのお粗末に不信感は増幅されたのでした。

「コンビニエンスストア宣言」を発表

一方、本部で構成される㈳日本フランチャイズチェーン協会は、コンビニ業界への社会的要請が高まる時代に、これらの要請にこたえたコンビニ業界にしていくための「コンビニエンスストア宣言」を発表。その実現の要は、本部と加盟店の「より良い関係をつくること」だとして、「研究会」を発足させました。この「研究会」は、座長は明治大学大学院上原征彦教授で、FC本部、加盟店、有識者、消費者で構成されました。

二　新政権の誕生とフランチャイズ関連法整備の展望

フランチャイズ契約は典型的な片務契約であり、加盟店はこの契約のもとで、事業経営者としての権利を大きく奪われています。この事態を解決するために、フランチャイズ加盟店の不利を補完する「フランチャイズ法」の制定は、コンビニ・FC加盟店全国協議会（当会設立時の名前）結成以来の基本要求です。私たちは民主党が野党第一党となった時から同党と協議を重ねてきました。民主党は「党として責任をもって対応する」と繰り返し明言してきました。また、「この法律は内閣提出が望ましい」「政権交代が実現すればできる」とも語ってきました。日本共産党はすでにフランチャイズ法制定の政策を発表しており、社民党、国民新党も私たちの要求を支持してきた経過があります。こうした経過からも、フランチャイズ分野の法整備の実現の可能性は高まったとみることができると思います。

しかし、実は法の中身の協議はまさにこれからです。私たちはすでに「法案要綱」を準備していますが、これは自民党政権時代の案であり、あらためて内容の検討を開始しています。日本弁護士連合会も関心を強めており、私たちは広く国民の支持と納得が得られるような法律の制定に努力する考えです。

コンビニ・フランチャイズ業界は大きな試練の時代を迎えています。しかし、大きな視野で見れば国民のコンビニ利用は引き続き増大すると思われます。製造・流通を含めて到達した経済力は「衰退に向かう成熟」というよりも、まだ「伸びる可能性」をもっている成熟産業ではないかと思われます。その根本には、常に「革新性」を追求している点を見ることができます。問題は、加盟店との関係です。この面は「著しく未熟」だと指摘せざるをえません。

第2章　コンビニ最前線――新しい変化

フランチャイズ産業「激変」の時代

わが国のフランチャイズ（ＦＣ）産業は、いま、非常に大きな変貌を遂げようとしていると思います。

あらゆる産業が九〇年代不況に陥っている時にも、曲がりなりにも「成長」を続けたＦＣ産業ですが、次第に成長率を低下させており、また、フランチャイズ本部の経営破たんも珍しくなくなりました。

大規模小売店舗法の廃止によって「規制」がなくなり、大スーパーなど大型店の深夜営業が広がりました。ドラッグストアや家電量販店が雑貨・化粧品を扱うなど他業種での業態の変化もすすみました。他産業のＦＣ産業への参入もあり、コンビニをはじめＦＣ産業は、激しい競争の時代になりました。消費不況の長期化に加えたこうした経営環境の変化は、コンビニ業界トップのセブン-イレブンでさえ、既存加盟店の多くが売上高前年比割れに見舞われるなど、厳しい事態を迎えました。どの本部も、従来型の経営方針の手直しを余儀なくされ、こうした経営環境の変化に機敏に、的確に対応できた本部と、取り残される本部の明暗が非常にはっきりしてきました。大手本部などは、本部の機構縮小・人減らし、他本部や異業種企業との合併、資本・業務提携、不採算加盟店の「閉鎖」などをすすめており、いまFC産業は「何が起こってもおかしくない激変の時代」と言えます。本部も加盟店も、「優勝劣敗」がはっきりし、コンビニなどは少数の大手に集約される「寡占化」がすすむという見方ができるでしょう。

コンビニに見る「新しい変化」

大手コンビニ本部の「経営改革」は「変貌するFC」の典型と言えるでしょう。加盟店募集の際、売上予測を明確に示さないやり方に変えています。勧誘時の過度な売上予測や、リスクの説明義務違反が裁判で争点となったことを教訓にした「変化」です。ローソンはさらにすすめて、売上予測を加盟応募者自身に書かせる方法をとり始めています。予定している店の周辺状況に関係する一定の情報・実績を本部が提供、それを参考にして、売上、経費、オーナー収入などを応募者自身に計算・予測させるという方法です。

商品の仕入れ、店舗のレイアウトなども本部から「提案の推奨」はするが、「決めるのはオーナーさんです。もっと良い方法があれば、オーナーさんで考えてください」というやり方も増えつつあります。商品の仕入れ、営業時間、販売価格への本部指導は依然強いとはいえ、実情によって加盟店の希望・提案に柔軟に対応する例も増える傾向です。実際に今、「本部は変わった」という声が多くの加盟店からきこえてきます。

コンビニの勝負は「弁当がどれだけ売れるかだ」とさえ言われます。その弁当の「改革・開発」もコンビニ業界が最も早くから力を入れてきました。従来は「唐揚げ、焼肉、ハンバーグ」という、若者向けが中心でした。いま、コンビニ利用の年代層の変化も著しく、コンビニ利用が最も伸びているのは五〇歳代以上の高齢者です。この変化に対応して、野菜、魚を中心に、米も良質にアップし、高齢者向けに「弁当改革」を真っ先におこなったのはコンビニでした。

コンビニ・フランチャイズでは、六〇歳以上は加盟資格がない、契約更新も認めないのが「常識」でした。高齢者時代に対応して、ミニストップでは、「六〇歳からの新規加盟」という新タイプを開発しました。

出店もオフィスビルの中、ホテル、学校、病院、官公庁内とさまざま。店舗面積もゆとりある快適な売り場づくり、差別化商品の重視のため、「大きなコンビニ店」が増える方向です。

また、ようやく、既存加盟店の売上を伸ばす対策に力を入れ始めています。対策強化店に対しては本部社員を二人、三人投入してオーナー、従業員と一緒に店舗の清掃、仕入れの適正化など「一緒に汗も流す」支援で「底上げ」をはかっています。もちろん、加盟店の数は多く、本部社員の数は少ないために、この対策が及ぶ加盟店は少数にとどまっています。

こうした「改革」の流れのなかで、不採算店の整理・閉鎖を並行させました。「本部への未払い金や銀行借金が返せない」「競合店が増えすぎてとてもやっていけない」「もうやめたい」などの、「危機的」店舗はかなり閉店・解約、「解約させられた」という状況です。大手コンビニ本部は、こうして財務体質を改善させ、いま、中国やアジアなど海外、国内の出店余地のある地域を選択して、新しい方法で新しい形による出店に力を注いでいます。「新時代の加盟店拡大期」という見方もできる状況です。

コンビニ最前線における実態での注目点は、地域社会でコンビニが公共的役割を一段と高めていることです。

最近の治安悪化を背景に、警察庁・警察署などはコンビニを子ども・女性の駆け込みに対応するよう、「コンビニ一一〇番の店」に委嘱する動きを強めています。㈳日本フランチャイズチェーン協会（日本FC協会）も自主防犯体制の強化や、災害・犯罪発生時の緊急通報、未成年者への酒・たばこ販売禁止など、青少年の健全育成へのコンビニ店のとりくみを重視しています。

また、銀行の支店閉鎖が相次ぐなか、銀行ATM設置のコンビニ店は増大傾向です。さらに、郵政公社とコンビニとの連携で郵便、ゆうパック取り次ぎ・郵便ポスト設置などもすすめています。年金保険料など公共料金振込みや、印鑑証明書発行など国・自治体もコンビニ活用を拡大しています。ホテルの予約、演劇などのチケット販売、通信販売の決済など民間企業のコンビニ活用も広がる一方です。このように、全国津々浦々で数万の店舗が年中無休・二四時間営業しているコンビニは、地域社会での公共的役割を大きく高めています。「生活総合サービス産業」を目指すコンビニ本部の政策は着実に進行しました。

コンビニ・FCに未来はあるか

産業全体として「衰退産業」ではないというのは大事な点です。中小企業・中小業者としての経営・営業の将来を考えるとき、FC産業への参入は検討に値すると私は思います。現状には、改善・改革を必要とする問題が非常に多いことは事実です。しかし、一〇年、二〇年という視野で見たとき、問題点を放置せず改善・改革しようという志向は間違いなく強まってきます。日本FC協会も「加盟店が利益を出せるビジネスを構築するのが本部成長の必須条件」「本部だけがもうかるような仕組みや、ジー（加盟店）が共感できないような経営理念では必ず行き詰まるのがフランチャイズビジネスである」と明言し、一定の実験を経て「加盟店による本部評価制度」の実施も予定しています。

政府の実態調査でも、約八割の加盟店は「今の仕事を継続したい」「事業を拡大したい」という志向を持っているのです。「コンビニ残酷物語」「現代の奴隷」という事実の一面はありますが、それは一面であり、広い視野で見て、展望ある産業という面を見落とすべきではないと私は思います。そして、ＦＣ産業の地位をここまで高めてきたのは全国の加盟店一人ひとりの奮闘によるものです。そのことを誇りと確信にして欲しいと思います。

もちろん、実際の経営においては、本部も加盟店も従来以上に絶えざる「革新」が求められるでしょう。「ＦＣ本部の寿命は五年」という説もあるほどですから、多額の初期投資を長期間で回収するという計画でＦＣ分野に参入するには、慎重な検討が必要でしょう。

すでに加盟店として経営している場合、店舗のリニューアルや商品構成変更など、経営環境の変化への対応のためには、追加投資も必要になるでしょう。これを怠ると「競争」に耐えられないという場合が多くなると思われます。そうした追加投資もして継続するのか、それとも撤退するのかという決断が求められます。この点はＦＣに限らず、事業経営には避けられない問題です。

本部を立ち上げることを検討している中小企業経営者も少なくありません。私たちは加盟店の会ですが、健全なＦＣ本部が増えることは基本的に歓迎です。二一世紀での新たな発展に向けた「改革」の過程ではいろいろなジグザグはあるでしょうが、その矛盾を抱えながらも、ＦＣ産業が経済社会に占める比重は確実に高まるでしょう。その意味では、直接、ＦＣ産業とかかわりのない事業者も、この産業の動向に目を向けていくことは必要ではないでしょうか。

健全化への運動の展望

コンビニをはじめとするFC本部の「新経営戦略」は、新たな矛盾を引き起こし、「本部利益第一主義」に抵抗・反対する国民各層のさまざまな運動が発展する条件を強めています。

今日的に浮かび上がった一つの矛盾は、「地域社会で公共的役割を高めているコンビニ店を、企業利益という面から一方的に閉店することは、消費者利益を無視している」という点です。従って、既存店の経営が成り立つ状態にするのも本部と加盟店の協働の事業です。私たちは、この面からの政策と運動を強化したいと考えています。

その点で、フランチャイズシステムにおける利益配分の在り方は古くて新しい重要問題です。「コンビニ本部はもうかりすぎる」という声は広範な人々から指摘があります。廃棄商品にもロイヤルティー（本部上納金）がかかっているのは「不当利得」であるとして、その返還を求める裁判もありました。会計原則に照らして、「直ちに違法とは言えない」という司法の判断がありますが、「不当利得」という指摘への否定はなく、「コンビニ会計には公正さを欠く問題点がある」という認識は当の本部にもあり、専門家のなかでも加盟店のなかでも広がっています。コンビニシステムで「会計」は本部のウイークポイントです。本部が手にする利益を削り、加盟店への利益還元を増やす公正な「会計処理」への研究と運動は新たな高まりを見せています。

いま一つは、コンビニ・ＦＣ本部に働く労働者の問題です。私たちが知り得る部分的な実態からも、労働者は過酷な労働条件など、加盟店に劣らず無権利状態にあり、「地獄の職場」が珍しくないと言えそうです。わが国のＦＣ産業健全化にとって、労働運動がＦＣ産業にどれだけ接近できるかが一つのポイントではないかと思っています。この点で、本部の「合理化・効率化」政策は、労働者との矛盾を激化させており、今後、労働者の運動の発展の可能性を強めていると言えます。

消費者・住民運動も、コンビニについて、①レジ袋の減量、ゴミ減量など環境問題、②青少年の健全育成、非行防止、③安全な食品、④安全なまちづくりなどさまざまな角度から関心を強め、本部等への「要請行動」も強めています。本部にとっても加盟店にとっても、消費者・住民を敵に回すことは最も避けるべきことですから、この層の運動はＦＣ産業の健全化への力となる可能性があります。

私たちは、事業経営者の組織にふさわしい活動の強化をすすめつつ、ＦＣ産業の健全化を目指しています。その大きな目標の実現への展望をみる時、国民各層の間でのコンビニ・ＦＣへの関心、要求、批判の研究や運動の発展があり、それが大きく一つの流れに合流する、その共同の可能性に目を向け、深いところからの確信を確かめながら努力したいと思います。

第3章　コンビニ本部が問われ始めた基本問題

はじめに

フランチャイズチェーンの加盟店の全国組織が誕生して、一〇周年を迎えました。フランチャイズチェーン本部の団体である㈳日本フランチャイズチェーン協会の発足から約三〇年遅れて生まれた会です。

コンビニを中心にあらゆる業種のフランチャイズ加盟店による全国組織の発足は、業界に大きな衝撃を与えました。ロイヤルティー（本部への納付金）の一部引き下げ、経営不振を理由とする中途解約の違約金は徴収しないとする、加盟しようとする者への事前の情報開示では訴訟件数など本部のマイナス面も開示する、加盟契約後のクーリングオフ期間の設置、契約書を事前に第三者にも見せよく納得して契約するようにする、など、新たな改善を実現させる成果に結びつきました。㈳日本フランチャイズチェーン協会や有力本部との意見交換も行われる関係になりました。すべての政党や関係省庁との懇談・要請を繰り返したことで、はじめて中小小売商業振興法の規則改正、独占禁止法のガイドラインの改訂がなされ、公正取引委員会と経済産業省が実態調査を実施するなど、政治を動かしました。

当会に全国の加盟店から連日のように相談が持ち込まれ、その六割、七割は解決できました。しかし、このような前進的変化をつくりだしたとは言え、諸外国に制定されているような、加盟店の不利を是正し、権利を保障する「フランチャイズ法」は実現していません。

この基本的な問題の未解決が、今も続く加盟店の「被害」の根源です。また、経済社会の進展・変化もあって、新しい問題・課題も次々に表面化しています。

この一〇年間の体験を踏まえつつ、コンビニに焦点をあわせて業界の実情と今後への課題に関して述べてみたいと思います。

コンビニ業界の新たな試練と挑戦

今のようなシステムのコンビニ店がわが国に誕生してからほぼ四〇年になります。小売業界のトップが「三越」デパートの時代から、スーパー「ダイエー」に移り、そして、コンビニ「セブン-イレブン」へと時代は変遷しました。

一九九〇年代、あらゆる業界が「バブル崩壊」の荒波を受けた時期も、右肩上がりの成長を続けたのがコンビニでした。しかし今、売上・利益の伸びは大きく低下し、減益決算の本部も出る事態です。都市部の地域によってはコンビニ店舗数が「飽和状態」と言われる地域もあり、閉鎖する店も年間二〇〇〇店を上回る状態が数年続いています。一部には、「もうコンビニ時代は終わった」という見方も出ています。本部は財務体質の改善へ機構改革や人員整理、直営店の閉鎖などを強めました。将来展望を持てない中堅社員の退職も少なくありません。人材派遣会社に労働力を依存する本部さえあります。各社はそれぞれに「内部危機」を抱えています。

経営環境の変化への対応力発揮する面も

一方、経営環境の変化への対応力を発揮している面もあります。「安売りコンビニ」、生鮮食品がメインのコンビニ、店舗面積が広いコンビニ、大学や高校など学校内コンビニ、郵便局内コンビニ、動物園内コンビニ、高齢者向けに思い切ってシフトしたコンビニなど、従来型のコンビニを大きく「革新」した新業態を開発しています。

税金を含む公共料金収納、ホテル・飛行機の予約、映画・音楽などのチケット販売、郵便、銀行業務など、小売部門より、各種サービス部門を強化し、「生活総合産業」化して、地域でのインフラ機能を高めています。

同業・異業種を問わず、競争に打ち勝つための合併、提携も意欲的です。こうした「新たな試行」の成否はこれからですが、「まだまだ出店余地はある」「海外もある」と、基本的にはどの本部も強気のかまえです。

セブン‐イレブン、ローソン、ファミリーマート、サークルKサンクスの大手四社をはじめとした一五チェーン本部の支配力は、小売業界だけでなく、製造業、流通業にも及んでいます。コンビニ本部の経営戦略・経営方針の一つひとつが、わが国産業界や社会に及ぼす影響力を高めています。

コンビニ業界の動向は、「次の成長への模索と探求の時代」とみるべきではないかと考えます。単純に「衰退産業」とみることには疑問があります。

コンビニの深夜営業規制問題

業界が直面している熱い問題の一つが、深夜営業を行政が規制する動きです。

ごく普通に考えて、二四時間オープンしているというのは正常ではありません。コンビニが、単に小売（物品の販売）だけでなく、各種サービスを扱い、「総合生活サービス業」としてインフラ機能を備えてきていることは事実です。しかし、電力、ガス、水道、電話、警察、消防などの公共インフラと完全に同一視できないことは明らかです。コンビニを利用する多くの国民・消費者にとって、コンビニが二四時間営業ではなくなったとしても、直ちに生活の維持・安定が根本から損なわれるものではありません。一度手にした「便利」が失われるに過ぎません。

セブン‐イレブンやサークルKサンクス会長などが、「二四時間営業の規制」に強く「反対」を表明している本音は、国民生活の安定に軸足を置いたものではなく、私企業の利潤確保・拡大を追求する立場からのものであることは明白です。

京都市で深夜営業規制の動きも

環境省から環境モデル都市に指定された京都市が、環境にやさしいまちづくりをすすめる政策を検討するなかで、コンビニの深夜営業規制も検討する態度を明らかにし、テレビ、新聞がこの問題を加熱気味に報道したこともあって、国民の関心を高めました。二〇〇八年八月に立ち上げられた京都市の「市民会議」の議論その他でも、コンビニの深夜営業に賛否両論あるのが実情です。消費者のなかでも「深夜営業の必要はない」という意見があるなどの変化が起こっていることは注目すべきだと思います。

コンビニチェーン本部間でも、「二四時間営業を基本・原則とする」という方針で一致しているわけではありません。高校内や郵便局内など、コンビニ出店地域を広げる方針もあって、「二四時間を基本」にすることが正しいか、という異論が出るのは当然です。

フランチャイズ契約は、「事業者と事業者の契約」です。加盟店に事業経営者としての「経営権」がある、という立場に立って、「営業時間は、店舗経営者に決定権がある」「本部は、加盟店の意思を尊重すべきであり、深夜営業を強制すべきではない」というのが私たちの主張です。

東京の新宿・歌舞伎町など深夜飲食店が密集する、いわゆる「夜の繁華街」地区では、一日の売上、客数のピークが午後一一時から午前四時の間というコンビニ店があります。しかし、そういう店は、全国五万数千店のなかの、ほんの一握りの特例です。

　圧倒的多数のコンビニ店は、深夜の客数は極めて少なく、割高の人件費、売れ残り、水道光熱費など経営面で採算が合わないのが実態です。深夜の従業員の安全確保という面でも不安がいっぱいです。家族との絆の崩壊、オーナー・従業員の精神的・肉体的負担と健康破壊など、弊害は大きいものがあります。いわば、加盟店の犠牲の上で成り立っています。

　地球温暖化防止という環境面だけの議論でなく、もっと広い視野と角度から二四時間型社会について国民的議論を始める引き金になりつつあるという動きは意味があります。コンビニチェーン本部が、「被告席に立たされるのは不当だ」などを理由に、京都市の市民会議に不参加の態度を決めたことは、国民世論と向き合う社会的責任を放棄したものという批判を受けることになるでしょう。時代変化に対応して、深夜営業型でないコンビニ経営の方向を探求する企業姿勢が求められています。

不透明な会計処理問題

　商品はメーカーや販売会社などからコンビニ各店舗に配送され、その代金は、コンビニチェーン本部に請求され、コンビニ本部は支払いを代行しています。しかし、実際の商品代金の請求書と支払った領収書は各店舗には渡されていません。本部は各店舗に代行して支払った代金を各店舗から日々送金される売上代金から差し引き、差し引いた金額を各店舗に通知しています。

本部通知の商品代金は、本当にメーカー等に支払った金額か？　という疑問が生まれました。通常の商取引では、納品書と納品先からの請求書が送付されます。その請求書を提出することを本部は一貫して拒否してきました。請求書の提出を求める裁判まで起こりました。本部が支払った代金に上乗せして加盟店に商品代金を請求している証拠伝票が明るみになった例もあります。

また、売れ残って廃棄にした商品からもロイヤルティーを徴収しているのは不当だという裁判もありました。

違法か合法かの問題以前に、このような不透明な会計処理、仕組みへの加盟店の疑問は根深いものがあります。この改善・改革は、コンビニチェーン本部の高収益構造の土台を揺さぶる問題であるだけに、今後の展開は業界の前途を左右すると言っても過言でないでしょう。

目先的には、あいまいな「処理」で乗り切る可能性はありますが、それは、根本的解決の先送りに過ぎないでしょう。

加盟店を真に「ビジネス・パートナー」と位置づけられるか

フランチャイズビジネスは、加盟店無くして有り得ません。本部はしばしば「共存共栄」を言います。まさしく「信頼関係を基礎とした、協働事業」がフランチャイズビジネスです。しかし、数十年経た今も、このもっとも基本的な命題が、もっとも重大な「まだ実現していない最大の課題」であるというのが実際です。

フランチャイズ契約を交わしているとは言え、加盟店主は本部の社員ではありません。仮に本部社員であっても、憲法に保障された「基本的人権」を侵害してはならないことは言うまでも無いことです。しかし、コンビニ業界の現実は明治時代以前に逆戻りしたのかと思うほど、本部が加盟店主の権利を奪い、干渉し、圧迫を加えています。

本部がテレビ取材を禁止

「深夜営業規制」問題で一段と鮮明になったことですが、本部は、加盟店がテレビ等の取材に応じることを禁止しています。本部の広報部に連絡することが強く指示されており、独断で応じた場合、「始末書」を書かされるなどの圧迫を受けます。今日では、内部告発者を守る方向にあるのと比較して、徹底した「情報管理」は時代錯誤もはなはだしいと言えます。

また、「店舗の○○メートル以内に居住すること」が加盟契約の条件になっている例もあります。なかには、「本部に結婚を強制された」という訴えもありました。「縁談の仲立ち」というハッピーな話ではないのです。

基本的人権を奪う本部の横暴

「言論・出版の自由」「住居の自由」「恋愛、結婚の自由」など、基本的人権を奪う数々の横暴がまかり通っているのです。幹部などが加盟店オーナーに向かって「お前らは……」と口にすることも珍しいことではありません。原子力発電所施設地域で放射能漏れ事故があったり、タンクローリーの横転事故で有毒ガスが漏れた時、自治体等が「避難勧告」を出しましたが、コンビニ本部は「店を閉めずに開け続けよ」と指導した例もありました。

加盟店の多くは、今は法人が多い状況です。他社の社長に向かって、まるで人間扱いしない、こんな業界が他にあるでしょうか。

「名ばかり店長」が問題になりましたが、フランチャイズ業界では「名ばかりオーナー」がまかりとおっています。こうした、加盟店を無権利状態においたままで、信頼関係が確立するものではありません。

経済構造、社会構造の変化のなかで、コンビニ経営が新しい対応に迫られているときこそ、加盟店と本部が協働して消費者・国民の期待に応えた事業として存続・発展の方向を切り開かなくてはなりません。それだけに、加盟店を真のビジネス・パートナーと位置づける原点こそがその土台として重要でしょう。

また、経営者としての自覚を高めた加盟店・オーナーは、いつまでも耐え、沈黙していないでしょう。加盟店の人権を守れという運動も今後、発展する可能性があります。それは、業界の進歩につながる意味がある運動にほかなりません。

第4章
過重労働の中での深刻な健康被害
――コンビニ・フランチャイズにおける労働実態

概況と労働運動の課題に関して

わが国のフランチャイズビジネスは、全体として本部企業数、加盟店数、年間販売額、および、この産業に従事する労働者数（非正規雇用を含む）は一貫して伸び、増え続けています。業種・業態も、建設業（たとえば自宅リフォーム）、製造業（菓子など）、運送業、飲食（居酒屋、ラーメンなど）、各種サービス業（理容、美容、学習塾、ホテル、清掃など）、さらには幼稚園などあらゆる業種におよんでいます。フランチャイズ加盟店数は二三万以上とも言われており、コンビニは、そのうち、五万～六万店舗です。郵便局の二倍以上の数になり、まだ増える勢いにあります。

加盟店は、その大半を非正規雇用に依存しています。正規・非正規を含む、フランチャイズ産業に従事する労働者の総数の正確な統計はありません。本部・加盟店などを含めて推計で二〇〇万人を超えることは間違いないと見ることができます。こうした労働者は、ほとんどが労働組合に組織されておらず、無権利状態で、過酷な労働を余儀なくされています。したがって、私はかねてから、わが国産業のなかで、九〇年代も不況知らずで「成長」し続けるフランチャイズ産業の健全化は、労働運動の側からの接近なくして達成できないという意見をもってきました。

「病気で閉店」が増大傾向

多くの国民に身近なコンビニは、日常生活に必要なものがほとんど揃うし、モノ売りだけでなく、公共料金の支払い、新幹線の切符、ホテルの予約、宅急便受付、それに銀行、郵便局の役割も果たします。宅配サービスもあります。そして二四時間年中無休で店が開いています。こんな便利なものはありません。

昔からの中小小売店の減少は続き、高齢者が歩いて買い物できる店はコンビニしかないという地域が増え、コンビニが消えると日常生活に弊害が出る、という地域がひろがっています。表現を変えて言うなら、コンビニは、国民生活のインフラ、公共的役割を高めているのです。

それだけに、コンビニ店での業務は多岐にわたり、コンビニ店員は「だれでも簡単にできる」仕事でなくなってきています。一日の来店者数は六〇〇人以上、都心の店には一日に三〇〇〇人〜五〇〇〇人の客が入るという店さえあります。お客への声かけ、商品の補給、コンピューター操作、防犯への心配りなど神経も休まるヒマがありません。コンビニ店のパート・アルバイトのなかで、「仕事の量と質に、時給が合ってない」という不満も高まっています。大学キャンパスの郊外移転も重なってか、今、人手不足が深刻な問題になっています。年間を通してパート・アルバイトの数は足りないとするコンビニ店オーナーは、七六％という調査結果もあります。パート・アルバイト募集広告に一〇〇万円以上かけた店もあります。時給を上げた店もあります。セブン-イレブンでは、「日払い臨時アルバイト制度」もつくりました。それでも人手不足は解決していません。

そこで、オーナー（事業主）が店のシフトに組み込まれます。「長時間過密労働」「休日無し」の加盟店オーナーが増えています。本部も、「オーナー、家族がもっと働き、店の人件費を削れ」と指導します。家族をまきこんでの過酷な労働がひろがっているのです。

名古屋市のあるコンビニオーナーは、仕事中に突然倒れて、救急車で運ばれました。診断した医師は、「入院して精密な検査をするべき」と判断しました。しかし、店を思うと休んではいられません。家族と相談しました。まだ子どもも小さく、将来を考えて、思い切ってコンビニ経営という仕事をやめることにしました。本部にその旨を伝えました。本部は、契約書どおりの「中途解約違約金」を要求しました。このように、オーナーやその家族の病気のために、店舗閉鎖・解約を余儀なくされる事例が相次いでいます。

病気の多くは「うつ病」、あるいは原因不明です。経営不振と過重労働の長期化は、間違いなく健康破壊につながります。うつ病、胃腸障害、認知症などを併発、自殺未遂、そして末期がんで死に至った悲惨な例もあります。しかし、多くのコンビニ本部は、このような緊急事態でも、「フランチャイズ契約」を楯にとって、六〇〇万円～九〇〇万円の「違約金」を請求します。医師その他、事態を知った人たちの間で、人間無視の業界体質への怒りと驚きがひろがっているのは当然です。

二四時間営業への批判

店舗清掃、商品配送など二四時間営業の利点も指摘されますし、一人暮らし老人が増えた近年、「緊急時の駆け込み先」として、二四時間営業のコンビニは「歓迎」される面もあります。しかし、逆に、午前一時～五時の営業の非効率と、コンビニ強盗などの犯罪多発もあって、「二四時間営業やめよ！」の声も高まりをみせています。大型店の長時間営業のひろがりもあって、もはや「二四時間営業」がコンビニの「特異な魅力」の時代ではありません。深夜勤務のやや高い時給に着目して、「深夜勤務渡り歩き型」の労働者もありますが、人間らしい働き方・生き方を志向する若者が増える趨勢にあります。オーナーにとっても、二四時間営業は神経の休まる時はなく、その肉体的・精神的疲労は累積されて、人間としての成長・感性をも蝕んでいきます。二四時間型社会は異常であることは間違いありません。

深夜、コンビニのトイレを風呂代わりにする若者さえある現在です。ネットカフェと違って、コンビニには入店料は不要です。洗髪された後のトイレの光景を想像する時、トイレを風呂代わりにする若者の非常識への非難を超えて、こんな若者を生む現代社会への深い憤りに絶句せざるを得ません。

・深夜も店に入るオーナーの、平均的な一日の生活は、午後四時に起床し、一人で軽く麺類を食べ、店に行く準備をします。午後八時には店に入り、翌日午前一〇時まで店での仕事が続きます。自宅に帰って正午前後に眠りにつきます。一日を通してまともな食事も睡眠もありません。家族との対話もない日が珍しくないこんな毎日が二年、三年と続きます。やがて、「こんな人生って変だ」という疑念も消えていきます。本部の不当な要求への「抵抗」の気迫も生まれません。

事態打開への胎動

しかし今、店のシフトから脱したオーナーのなかから、この事態を連帯して打開しようと立ち上がるオーナーも生まれつつあります。断固とした姿勢で、二四時間営業から一七時間営業に転換した店もあります。本部も、以前よりは柔軟性を見せてはいます。

最後に添えたい事実は、健康無視の労働実態は、コンビニ以外の加盟店、そしてコンビニを含む、本部に従事する労働者も例外でないという点です。加盟店が二四時間営業という経営実態のなかでは、「残業」という概念がないか、希薄です。「労働拘束時間」を超えるのが「残業」

だとすると、何時から残業なのか。実際、大手コンビニ本部の正規雇用社員も、場合によっては深夜も労働し、店舗の駐車場に停めた車のなかで仮眠します。残業手当もありません。人間らしい労働を求めて、業界のルールを定める運動の発展へ、加盟店の運動と労働組合などの運動との共同の探求も始まっているのは、歴史の必然であると確信しています。

第5章　フランチャイズ業界と法整備の最新動向

1　法整備と裁判闘争の動向

フランチャイズをめぐる情報が、経済界でも、行政機関の間でも、また、国民のなかでも強い関心をもたれるようになりました。ここ一〇年間の変化の一つであるように思います。学者・研究者の皆さんや、弁護士、裁判官など法曹界でもフランチャイズへの関心の強まりがあるように実感しています。

フランチャイズビジネスが、わが国の経済や社会にどのような影響力をもっているのか、フランチャイズビジネスの何が問題なのか、その問題の解決がわが国の経済社会、国民生活の前向きの発展・向上にどんな意義をもつのか、そのような問題意識をもって、フランチャイズ問題と向き合われた、各界各層のみなさんが最初にぶつかる問題が、「正確な実態」「正確な情報」

「正確な基礎データ」の不足ではないでしょうか。これまでになく、「正確な情報」が求められているにもかかわらず、それにこたえられない状態にあります。

「正確な情報の不足」の根本原因が、フランチャイズにかんする法整備の遅れにある、と私たちは考えています。

㈳日本フランチャイズチェーン協会という団体が、年に一度、業界に関する統計をまとめています。つい最近、統計を発表しましたが、しかし、これも各種情報で知りえたフランチャイズ本部にアンケート調査を行い、回答が得られたものを集計したに過ぎません。この、不十分な統計でさえも、フランチャイズビジネスの年間販売額や、フランチャイズ本部企業数や、加盟店数、それらから推計されるこの産業に従事している労働者数などを勘案しますと、かなり大きな存在であることがわかります。

にもかかわらず、この業界の基本的なあるべき秩序、ルールを定めた「業法」のようなものが存在しません。もちろん、いま定められている各種の「業法」のすべてを適切な「業法」であると無批判的に肯定するものではありませんが、少なくともフランチャイズ事業を起業する者には、しかるべき行政機関に登録させるような仕組みは必要ではないか。いま、私たちが強くねがっている、基本要求の一つです。

インターネットの普及は各種情報の提供や入手に積極的な貢献をしていますが、一方で不正確な情報の氾濫というマイナスの役割を伴っています。こうしたことを鑑みますと、この業界の正確な基礎的データを整えることの大切さ、その土台としても、フランチャイズ関連の法整備の重要性を、まず、強調したいのです。

政府は、中小小売商業振興法と独占禁止法のガイドラインで対応しており、新たな法律の制定の必要はない、というのが現在の考え方です。

政党のなかでは、自民党は、「現状のままで良いとは考えない。しかし、法律の制定についてはもう少し事態を見守りたい」という見解です。公明党は、公式には言明がありませんが、非公式には、「加盟店の満足にはほど遠いと思うが、一定の準備がある」という情報を得ております。

民主党は野党時代、私たちの要請に対して、「フランチャイズに関する法律の制定は、内閣提出法案がふさわしい。政府・与党を動かすためには、野党第一党の民主党が動く必要がある」と応え、「党として責任をもって対応する」として、担当局、窓口になる議員も党の方針で決定し、私たちの会と正式な協議を続けてきました。ある時期、私たちの側から民主党に対して、「中小小売商業振興法の抜本的・全面的な改正の検討から手をつける」と、入りやすい入り口を提案し、何をどう改正すべきか、という提案をしました。この検討の過程で、「中小小売商業振興法の改正よりも、新法制定がふさわしいということになれば、新法制定に向かおう」と、入り口は決めるが出口は決めない、という方向を提案したのです。

日本共産党はすでに党として、新法を制定すべきであるという立場から、政策を決めております。社民党は、どこかの党からの提案・よびかけがあれば、それに応じてすすめるという立場を表明しております。

さらに重要な問題は、法案の中身です。まだ、中身の論議に入っていません。私たちは、二段ロケット方式を考えています。はじめから、多くの加盟店が満足・納得するような「規制法」「取締法」的な内容のフランチャイズ法の制定は、極めて難しいのではないか。多くの政党も、本部の協会も、反対するわけにはいかない、という中身で、まず、法律を制定する。与野党対決法案でなく、全会一致で成立させる。そのときに「三年後に見直す」というような条文だけは入れておいて、二段階目の改正強化を実現させる、という方向です。

実は、フランチャイズ本部や本部の協会のなかにも、「今のように無法な状態は好ましいことではない」、という意見があります。

しかし、現実的な見通しとして、容易なことではない、と考えています。

次に、最近の裁判についてです。裁判における争点はかなり変化してきております。ひときわ多かった、売上予測と実際の乖離《かいり》を争点にする裁判は大きく減少してきております。

マスコミが注目したのが、廃棄商品にチャージをかけるのは不当利得だとした裁判、ベンダーへの本部の支払いが真実か、請求書・領収書を加盟店に見せろ、という裁判です。私は、実際の日常の取引では、この問題を裁判で決着をつけることにはならないだろうと考えていました。

領収書問題はこれからまだ続きますが、「廃棄にチャージ」の問題は、結局、違法性がないという決着です。本部はコンビニ会計について、よく説明をするようにはなりましたが、ほかには変化がありません。

領収書問題も、もし、仮に要求どおりになったとしても、加盟店はとてもチェックしきれないでしょう。むしろ、注目すべき裁判は以下の二つです。

⑴二〇〇七年二月一四日、さいたま地裁は、「中途解約違約金は公序良俗に反する」という趣旨の判決を下しました。サンクス東埼玉が、契約解除した加盟店に対して「中途解約違約金六二六万円余りを支払え」と提訴、判決は「請求棄却」でした。判決のなかで、「少なくとも開店から五年以上経過している。本部は開店に要した費用を回収している。なお解約に際し三ヶ月、四ヶ月ものロイヤルティーを支払わなければならないとする合理的理由がない。当該解約金の約定は継続的取引の強制であり、公序良俗に反し無効と解するのが正当」と述べています。本部側は上告せず、この判決は確定しました。

⑵ローソンが契約更新をしなかったことに対して加盟店が、「地位保全」を求めた裁判が和解になりました。提訴から八ヶ月で決着した短期の裁判で、終始加盟店の主張が攻勢でした。契約の更新をしないことを不当とした裁判は多くはありません。事実上、ローソンは更新しなかったことに非があったことを認める結果でした。

2　新たな前進への「模索と探求」の時代

全体として、九〇年代も「不況知らず」で伸び続けてきたフランチャイズ業界も、いま、非常に大きな変革の時を迎えたと思います。表現を変えて申しますと、コンビニをはじめとして各フランチャイズ本部は、そのあり方の根本、基本が問われ始めたと思います。

㈳日本フランチャイズチェーン協会が発表した二〇〇七年度調査では、FC本部数は、一二四六、前年比五二チェーンの増加です。総店舗数は、二三万五六八六（直営含む）、二四六店の増加、売上総額は二〇兆三〇三七億円で、前年比七〇〇二億円増、三・六％の伸びです。フランチャイズ産業全体の売上高の三七％以上をコンビニが占めており、やはりコンビニ業界の動向は注目せざるを得ません。全体としてコンビニ本部は、経営環境の変化に対して、攻勢的な対応をしてきた、あるいはしつつあると見ております。

たとえば、第一に、商品の開発です。社会構造の変化に対応して、高齢者や健康志向型の商品開発を推進しました。コンビニ弁当は、「焼肉、唐揚げ、ハンバーグ」が売れ筋ベストスリーでしたが、魚、野菜を主材料にして、米もグレードアップしたものにする「弁当改革」を真っ先に実行したのはコンビニでした。スーパーやデパートでの人気商品を並べていればよいという時代ははるか過去の話で、消費者ニーズの変化を攻勢的にリードする商品開発に意欲的です。

第二に、加盟店募集と契約のやり方の変化です。加盟したいという希望者に対して、契約書の説明に時間をかけ、契約書を渡して、第三者にも見てもらってよく納得した上で契約をする、クーリング期間も設ける、というようになりました。売上予測も示しません。また、応募者が、わが社の理念に合った人か、商売に向いている人かをよく見極め、本部の側も慎重な「選考」をするようになりました。こうした変化は、加盟店とのトラブル多発からの教訓だと、ある本部の幹部は認めています。

第三は、地域密着型で差別化、個店の魅力の創造で競争に勝つ戦略の重視という方向です。地方自治体との包括協定を結び、地域特産物を活用した商品の販売、防犯・防災への連携などで、「全国統一・画一化」だけでなく、地域重視への変化です。この流れは加速しています。

こうした面では「握手」ですが、地球温暖化防止での「深夜営業への自治体規制」には真っ向から「対決」姿勢です。

第四に、立地・店舗開発の「革新」です。学校内、役所など公共施設内、事務所ビル内、病院内、駅構内などに出店するという方向です。あわせて、業態も過去の「形」にこだわらず、その地域に適合した店舗面積、営業時間、商標の色などに新しさを持ち込んでいます。コンビニ飽和論を打破し、「まだまだ出店余地は充分ある」と、どの本部も強気で攻勢的です。

第五に、激しい競争の進行で、コンビニ本部間の格差もすすみ、競争に勝ち残るために、同業種、異業種企業との業務提携・資本提携を積極的にすすめる方向です。業界再編の波は今後さらに大きくなり、大手数社に再編される寡占化にすすむものと見られます。

しかし、こうした「新戦略」は、まだ未完成であり、決定打にはなっていません。その一方で基本問題のいくつかが問われ始めています。もっとも重要な基本問題は、加盟店を真に事業経営のパートナーと位置づけているのか、という問題です。

たとえば、加盟店オーナーの基本的人権を奪っていることへの加盟店の抵抗が強まっていま す。テレビ・新聞などの取材に応じることを事実上「規制」しています。加盟店の「言論の自由」への規制です。

また、コンビニは、単にモノを売るだけでなく、税金・公共料金の収納、ＡＴＭの普及で金融機関の役割、コンビニポストに見られる郵便業務、宅配、飛行機・ホテルの予約など、「生活総合サービス産業」となり、その役割の公共性を高めています。「利益が上がらない」と閉店すると、住民の日常生活に重大な影響が出る、という地域が増えてきました。こうして、本部利益追求・経済合理性第一という路線の矛盾があらわれてきました。加盟店の利益確保と店舗継続、その維持・向上を本部の責任として求められる時代に入っています。

さらに、深夜営業規制問題、コンビニ会計をめぐる問題、環境問題など、新しい課題が浮上してきました。日本経済全体のなかでの位置・役割の高まりに伴う、避けられない新たな課題を乗り越えて、「次の成長」路線に乗ることができるのか、いま、その「模索と探求の時代」にあるといえるのではないでしょうか。

補論

二〇〇九年六月二二日、公正取引委員会は、セブン‐イレブンが加盟店の値下げ販売を制限している、この行為は優越的地位にもとづく「不公正な取引方法」にあたり、独占禁止法違反であるとして「排除措置命令」を下しました。

この問題は早くから加盟店側は問題にしてきました。その主張は、①売れ残り商品を廃棄処分にすることでチャージが高くなる、②食べて安全な商品の廃棄はごみを増やし、資源の浪費で環境対策としても問題だ、などというものでした。多くの加盟店に共通する声は、「本部の強制支配に風穴を開けた」ことへの共感です。私たちは、「加盟店の経営権の確立」「名ばかりオーナーからの脱出」という基本に立って、この問題に対応する方針です。

第6章

《特別対談》コンビニ・FCの現状と展望を語る

植田忠義
戸ケ里時枝

――コンビニを初めとするフランチャイズ店は、日本各地に網の目のように広がっています。コンビニ・FCをめぐる経営環境、コンビニと地域住民、消費者との関係もひところと大きく変わってきたように思います。そこで本日は、コンビニ・FCを取り巻く現実、コンビニ・FC業界の変化、特に本部の対応はどう変わってきたかなどを分析しながら、それを踏まえてコンビニ・FCの地域での役割はどうか、今後の営業の展望といいますか将来性について、全国FC加盟店協会事務局長の植田さんと東京・新宿でコンビニストアを経営する戸ケ里さんに話し合っていただきます。まずコンビニ・FC産業全体の問題にくわしい植田さんから総合的な報告をお伺いし、引き続きお二人で対談し、それぞれの立場から、営業、業界の実情と今後の見通しや決意を語っていただきたいと思います。

「激変の時代」を迎えている

植田　わが国のコンビニをはじめとしたフランチャイズ産業は、非常に大きな変貌を遂げようとする時代に入ってきているのではないかと思っています。あらゆる産業が九〇年代不況に陥っているときにも、まがりなりにも成長を続けたというのがフランチャイズ・チェーン産業ですが、次第に成長率も低下していますし、フランチャイズ本部の経営破たんも珍しくなくなってきた。その原因はいろいろありますけれど、非常に大きな点は、大規模小売店舗法が廃止されて、営業時間規制がなくなり、大スーパーなどの大型店の深夜営業が相当広がったことがあります。他の産業でも、他業種での業態変化が進んで、それも含めてコンビニなどフランチャイズ業界は、非常に激しい競争の時代に入りました。消費不況というのはいずれにしても長期化傾向ですから、それに加えたこういう経営環境の変化が、コンビニのトップのセブン‐イレブンでさえ、既存店のほとんどが前年売上高を下回っているという状態も生まれているわけです。

どの本部も経営方針の見直しに

そういう点では、どの本部も従来型の経営方針の見直しを余儀なくされている。そういう経営環境の変化に機敏に対応できるフランチャイズ本部と、従来型の経営方針を旧態依然として続ける本部との差が明暗を分け、優勝劣敗も非常にはっきりしてきた。こういう点で、大手本部などは、本部機構の縮小ですとか人減らし、あるいは業務提携とか合併など、様々な動きが始まっています。この業界において何が起こってもおかしくない「激変の時代」を迎えていると思います。そういう角度で事態を見たときに、コンビニ本部の経営改革が、変わりつつあるフランチャイズ産業の典型例といえるのではないかと思います。経営環境の変化に対応して、いろいろ新しい動きが見られます。例えば、加盟店募集の際にも、これまでよく売上予測と実際の差がひどすぎて、そこからトラブルになるというケースも多かったわけですが、最近は勧誘の仕方も相当変わってきています。加盟するときに本部が売上予測を示さない。あるいはもっと進んだところでは、本部の側が一定の情報を提供して、売上予測を加盟応募者自身に書かせる。それで売上、経費、オーナー収入を、応募者自身が計算予測して、応募者自身が売上予測をするやり方を取り始めている。あるいは、商品の仕入れとか店舗のレイアウトとか、本部から提案推薦はするんだけれど、「決めるのはオーナーさんですよ。もっと良い方法があれば、オーナーさんで考えて下さい」という形でオーナー自身に考えさせる、そういうような、個店の独自性をかなり認めるやり方が広がっています。また、独自商品の仕入れとか営業時間、販売価格への本部統制というのは、依然として強いものがありますけれども、加盟店の希望や要望に柔軟に対応するというのも増えつつあります。

あるいは、コンビニでは弁当がどれだけ売れるかが勝負だといわれ、弁当の改革、弁当の開発もコンビニ業界が最も早くから力を入れてきたところです。弁当といえば唐揚げ、焼き肉、ハンバーグ等の若者向けが中心だったわけですが、コンビニを利用する年代層の変化が大きく、最近のいろいろな調査では、最もコンビニ利用の伸びが著しいのは五〇歳以上の高齢者です。そこでそういう変化に対応して、コンビニ弁当も野菜や魚を中心にするとか、米の質もグレードアップするとか、高齢者向け弁当に改革する。これを真っ先に行ったのがコンビニだったのです。

また、高齢者時代に対応して、まだ多くは六〇歳以上は加盟資格がないとか、六〇歳を超えると契約更新をなかなか認めないという本部が多いのですが、ある本部では、六〇歳からの新規加盟もよいというようになっている。高齢者時代に、定年退職者を新たな加盟店にしていく。そういう方向を打ち出したコンビニも見られます。

あるいは、出店の場所も、町場のなかだけではなくて、オフィスビルとか、ホテル、高等学校や大学、病院あるいは官公庁のなかとか、霞ケ関の中央官庁なんかもかなりコンビニができましたし、大阪府警のなかにもコンビニが入っています。そういう点で出店の場所も非常に変化が見られる。

それと店舗面積も、コンビニというと小型店のイメージがあったのですが、最近は、ゆとりある快適な売り場ということと、コンビニの差別化、商品の差別化を重視するために一定の面積があったほうがいいということから、大きな店舗面積のコンビニ店ができています。あるいは、売上の低い加盟店の売上を伸ばすための対策に、本部が相当力を入れ始めている。対策強化店に対しては、本部社員を二、三人投入して、オーナーや従業員と一緒に店舗の清掃とか仕入れ適正化をはかるとか、オーナーと従業員と一緒に本部社員が汗を流して、そういう支援で底上げをはかるというやり方を取り始めている。ほとんどの本部ではそういう動きが増えています。ただ、本部の社員の数と加盟店の数では、圧倒的に加盟店の数の方が多いので、そういう支援策が及ばない加盟店の方が多いわけですけれども。

コンビニ大手は寡占化に向かうか

そういう点で、本部の開発部では、これまでは加盟店をどれだけ増やしたのかというのが社員評価の最大の基準だったのが、利益を上げる加盟店をどれだけ増やしたかを評価の最大の基準にする本部が出てきています。こういういろいろな改革を真っ先に広げ始めているのがコンビニ大手の動きではないかと思います。

こういう改革の流れのなかで、不採算店を整理縮小、閉鎖していくという政策を同時に並行してやっています。だから本部への未払金だとか銀行の借金が返せないとか、競合店が増えすぎてとてもやっていけない、もうやめたいという加盟店、いわば〝危機的な店舗〟というのは、かなり閉店され、契約解約させられたという状況になってきている。私どもが抱える相談事でも、どうしようもないという相談事よりも、もっと経営対策をどうしたらいいかとか、あるいはこれからやろうとしているんだけどもどうだろうかという相談の方が率としては多くなってきています。それはここ数年相当進んだという気がします。

だから本部は、経営危機店舗を整理して、財務体質を改善させて、そしていわば身軽にして新たに中国やアジアなどの海外出店とか、国内の出店予定地を選択もしている。大手本部のなかには、「新たな加盟店拡大期」に入ったという見方をしている。縮小する一方で加盟店をさらに新たな段階で増やそうという時期に来ている。従って中小本部は、大手に集約されていく、そういう寡占化の時代に入りつつあるのではないかと思います。まあこれはどうなるかわかりませんが、だいたいコンビニといえば、大手四社に集約されていくのではないか。いろいろな情報で、全国展開している結構著名な本部も売りに出しているという話も、実はずいぶんあるのです。そういう点では、あっと驚く大合併がこの業界でも起こっても不思議ではない気がしています。

地域社会で公共的役割高める

一方で、コンビニ最前線での実態として私たちが注目しているのは、地域社会でコンビニが公共的な役割を一段と高めているということがいえるのではないかと思いますね。ご承知の治安悪化を背景にして、警察庁や警察署などが、コンビニを子どもや女性の駆け込みに対応する「コンビニ一一〇番の店」にするという動きです。あるところでは警察庁が警察庁予算でコンビニ店に防犯カメラを設置する。その映像がすぐ警察に行く仕組みです。警察庁直轄の防犯カメラ設置店も出てきている。そういうふうに防犯対策として警察庁自身が活用するという動きですとか、フランチャイズ協会の自主防犯体制の強化ですとか、災害・犯罪発生時の緊急通報ですとか、未成年者へのお酒・たばこ販売の禁止とか、青少年の健全育成への取り組みも重視している。

それから銀行の支店閉鎖が相当続いていますから、銀行に変わってコンビニのATM設置店というのは、これは明らかに増大傾向にあります。あるいは、郵政公社とコンビニとの連携で、郵便とか郵便パックの取り次ぎ、郵便ポストの設置も増える傾向ですし、あるいは年金保険料も、コンビニからの振り込みとかいうことで、公共料金の振り込みですとか、自治体の住民票や印鑑証明もコンビニから入手できる。そういう点で、地域でコンビニが物を売るだけでなくて、あらゆるサービスが受けられる、あるいはコンビニ側からいうと、住民にあらゆるサービスを提供する。そういういわば生活総合サービス産業という方向を強めています。

従って、そういういろいろな角度から、経営環境の変化と地域社会との関わり、消費者、住民の要求・ニーズに応えてコンビニというのは成り立っているというのを、本部も加盟店もやはり真剣に対応していくということが求められている。そういう時代変化を認識していくということが非常に大事になってきています。

競争激化でいったんは閉店

――植田さんから全体的、総合的なお話がありました。それでは、この報告を受けて、実際にいま東京・新宿区でコンビニ店を営んでいる戸ケ里さんと植田さんがお互いに話し合っていただきます。まず戸ケ里さんの方から見て、ざっくばらんなところでコンビニの現状について話していただきたいと思います。

戸ケ里　私どもはもともと昭和四一年に、和菓子の専門店として創業していたのです。居抜き店舗だったので、そのときすでに製造和菓子もありながらパンや袋菓子もあったのです。開店一〇年後に私たち小売店の周辺にも、次々とコンビニ店ができ始めました。初めはコンビニにたいして私たち一般の小売店は、客を奪う憎い存在という感じを抱いていました。三〇年ぐらい前ですかね。朝の七時から夜の一一時まで営業するコンビニでしたが、実は私どももっと長い時間営業していたのですよ。朝の六時に開店して一一時半ぐらいまでお店をやっていたのですが、自家製和菓子と袋菓子、パン、牛乳とアイスクリームだけでは、やはり扱っている商品が限られているものですから、お客さんを吸収しきれなくなっていたのです。

商圏内に七軒のコンビニひしめく

その頃ちょうどYパンも、それこそ何万軒と小売店を抱えているものですから、いろいろな地域に応じた業態を店舗展開していました。私どもに「松美さん（注＝店の名前）は二五坪くらいあるので、われわれが今度手掛けるDストアーというフランチャイズ店のコンビニエンスをぜひやらないか」という話がありました。いろいろむずかしい面もあり、ずいぶん悩んだのですが、ついに加盟したのです。いままでコンビニ憎しといっていた私たちがコンビニになるなんて何なんだろうということを感じながら決意したのです。そのときYパンのDストアーが持ち出してきた条件の内容は、ロイヤリティー、つまり看板料が、持ち物件の方が利益が大きいという話でした。ところがこの店を始めてから三年以内ぐらいの間に、私たちが商圏と呼んでいる店舗から約三〇〇メートルの範囲に七軒ものコンビニができたのです。東中野の駅前、大久保駅前、環状六号線をはさんだ向こう側までのところです。もう本当に怒涛のごとくコンビニが増えてきたのです。そういうなかでやはり生き残っていくのが非常に大変でした。他のコンビニ・グループがテレビのコマーシャルで派手に宣伝し、お客さんがそれを見てきて「お宅にはないの」というようなことがどんどん増えてきました。それとロイヤリティーがきつかったですね。競合店が増え売上も落ちていたから。たまたまそのとき主人が体調を崩してしまい、まず和菓子をやめたのです。コンビニをやりながら和菓子もやっていたのです。だからすごくユニークなお店だったのです。自家製和菓子と赤飯、調理パンなんかもやりながらのコンビニ。長年取引のYパンだからそんなことができたのですが。だからロイヤリティー払うのがせい一杯でした。そこで開店から一三年たって思い切ってDストアーをやめました。

植田 そうですか。それでまたどういう経過でお店を再開されたのですか。

かつての問屋対小売店の関係壊滅

戸ケ里 やめたときに夫と「私たちにはとにかくいらっしゃいませ、ありがとうございましたと培ってきた商人としての実績があるんだから自信をもとう。ついこの間まで、AさんBさんCさん、雑貨屋の社長さん、お菓子の社長さん、いろいろな問屋さんを知っているし、Dストアーをやめて昔通りのお店でまたがんばろうよ」と相談して「やろう」ということになったのです。ところが実際に当たってみると、そういう問屋さんは一軒も残っていなかったのです。ある時荻窪のあるお菓子屋さんに電話をしたら、「いや松美さんお久しぶりだね。松美さんから電話をもらってとっても懐かしいし、うれしいよ。だけど社長さんと呼ばれるのもつらいんだ」といわれるのです。どうしてかというと、社員もろとも車を持って、あるコンビニ大手の傘下の問屋に入っちゃったというのです。そうしなかったら社員を道連れにパンクをしたというんですよね。それで「少しのものを持って新宿の松美さん、池袋のAさん、Bさんという具合にやっていたんじゃうちら問屋は食っちゃいけないから、結局は利幅はうんと食われちゃうんだけれども、そういう傘下に入って社員もろとも身売りした方が何とか生き延びられる。そこでうちはもう問屋はやめたんだ」ということでした。雑貨屋さんも、牛乳屋さんもやめていた。要するにもう普通の問屋さんが成り立たない時代になっていたのですね。私たちがDストアーを一三年やっていた間に。「社長さん元気」とか、「お孫さん生まれたの」とかずっとやってきた問屋対小売店のいい関係が、一三年の間にとにかく壊滅していたのです。これはえらいことだと。これじゃあうちは商売はやっていけないねということになって、またYパンの営業マンを呼んで「Dストアーをやめたけれども、どんなものだろう」といったら、「松美さん、実はDストアーのその下に、もう少し違う形の業態をうちは用意していますよ。売上が一日一〇万円あろうが五万円あろうが三〇万円あろうがロイヤリティーは一律なんですよ。それに加盟してくれませんか」といわれましてね。

実は平成元年から始めた小規模ショップのフランチャイズに替わって看板を掛け替えたわけです。

——それから一五年、がんばってこられたのですね。その間の商売、業界の変化も大きかったと思いますが。

コンビニは街の見慣れた風景に

戸ケ里　そうですね。いまはコンビニどころじゃない。百円ショップがまた怒涛のように押し寄せています。百円ショップがだめなら九九円ショップ。すごいですよ。あっという間にいろんな業態のお店に囲まれちゃいました。

私、この間、息子が仙台に出張したときに「お前いいね、杜の都でいいじゃない」といったのです。帰ってきて「仙台どうだった」と聞いたら「お母さん、日本人って馬鹿だよな。電車賃かけて仙台行こうが大分行こうが駅前は全部同じだぜ。コンビニばかりだよ。日本というのは地方色も何にもないよ」と嘆いていました。要するにそれだけ便利になったのか、需要があるのか、供給があるのかわからないけど、単一化した商圏というのですかね、日本人というのはそういうものにすっかり慣れちゃって、地方色というものが何もない。確かに電車賃かけて仙台には出張したけれど、結局コンビニで弁当買って、会議して帰ってきたというのです。

それから、友達が年金をもらってあちこちご主人と旅行しているのですけれども、この間北海道の旭川のあるところに行ったら「すごく寂しかったのよ」というのです。「何で」と聞いたら「だってコンビニ一軒もないの」といったのです。そこで「コンビニがないというのがまた魅力じゃないの」といったら、「でもね、こんなにコンビニに囲まれていたら、コンビニがないのがすごく不安なのよ」というのです。

　コンビニは夜中までずっとやっているでしょう。その友達が「どこ行ったってずっと煌々《こうこう》と電気がついてお店があり、なにしろ安心だ。ところが北海道の旭川の何とかというところに行ったら夜は真暗でコンビニがなくて、すごく不安だった」といったのを聞いたときに、やはり人間というものは、見慣れた風景、そこにいる安心感みたいなものがあるんですかね。

　まず今コンビニエンス、つまり最先端をいっている店のいい面を私たちは取り入れたりして、何とかがんばり、共存していきたいなというのが私の本音なのです。共存しなかったら、また小売店は生き延びられないですね。だから九九円ショップが近くにできると、私はすぐ見に行って「あ、こんな包装しているんだ」「便利さやこんなことを追求しているんだ」などと勉強してくるんです。だからどんな店ができても、私はそういうところにアンテナを張って、いいところをちゃんと見てきて、自分の店にまた適用できるところは適用したりして、そういうものを侮らないで共存して、何とか厳しい環境のなかでも看板を上げ続けていきたいなと思っています。

地域消費者の満足度にどう応える

植田　非常におもしろい話というか興味のある話だと思ってお聞きしました。実は去年フランチャイズチェーン協会が、二一世紀に生き残るフランチャイズ本部というのはどうあるべきかという議論をやって打ち出した方針が、これまでは本部と加盟店という関係だけで問題をとらえていたというところから消費者を加えて、三角、つまりトライアングルで捉える。顧客満足度を達成できる本部が二一世紀に生き残れる。そして顧客満足度を達成できるコンビニというのは、それは本部と加盟店の協働の事業だという位置づけをしたのですね。

だからこれまでの、本部が一方的・画一的に方針を徹底するというやり方から、その地域の消費者の満足度にどう対応できるかということにもう一つ視野を広げる。だから地域ごとの特徴ある商品をコンビニが扱うということの重要性をかなり強調し続けようと考えます。もちろんまだ不徹底な部分が随分があるのですけれども、それぞれの地域でどう差別化するかということです。これを一つの柱にしているということと、原点はやはり商人《あきんど》だという位置づけを、一番強調しているのはセブン‐イレブンですよね。だから、最近の加盟店の募集、契約するときに、これは大手コンビニがみなそうですが、商売人に合う人かどうかというのを一番見るというのです。だからそういう点では、もういっぺん一巡して、また昔ながらの商人、昔ながらの商店の良さというか、それが実はこれからの時代に消費者に受け入れられるのではないかというような、そういう方向もまた一つの流れになってきているのではないかと思います。

土着した店だから生き残れた

戸ケ里　そうですね。だから私たちがDストアー時代は、この棚にはこれこれと決まっていたのですけれども、私は「亀の子たわし」とかそういうものがないとうちはだめなんだと主張したんです。「亀の子たわし」なんか絶対台帳に載っていないないし、レジも打てないんだといわれても、私は頑として軍手や「亀の子たわし」それから竹箒、そういうものは確かに年中売れるものではないのですけれども、昭和四一年からずっと商売をしているものですから、「亀の子たわしある？　金亀印がいいんだけど」とかいってくる客もいる。娘に「お母さん、うちなんかコンビニなんて呼べないよね」というような、要するに土着した店としてつづけてきたのですが、それ故に、どうやら生き残れたのかなとも思います。

地域社会の灯りとして防犯の役割

――それからさきほど植田さんがいわれた防犯の点で果たしているお店の役割についてはどうお考えになりますか。

戸ケ里　私の店は、まわりが準住宅街にあります。若い女の子なんかが「おばさんのお店が休みだとすごく恐くていやだ」っていうのです。私の店が間口が五間半なものですから、ずっと電気ついていますでしょ。女の子だけでなく男の人からも「お宅休みだと、なんだかこの辺は不気味だよ」といわれるのです。そういう意味では商店というのは、地域社会の灯りとしても大切だと思っています。さっきもいいましたが、旭川に行ってコンビニが一軒もなくってすごく不安だったというのと、うちが定休日で休んだりなんかしていると「おばさんのところが電気がないとすごく恐いのよね。小走りに走っちゃうんだ」というのを聞いたりすると、確かに朝早くから遅くまで灯りをともして「いらっしゃい」という店がずっとあるというのは、ありすぎても困るけれども、地域には必要不可欠な存在だと思いますね。

それからいま配達に力を入れています。「どんな小さなものでも配達しますよ、置いていってください」とか、「お客さんよろしかったら配達させていただきますが」というと「そう」「じゃあ、いますぐ持っていきますよ」といいます。男の人は、あとで来るのは嫌だなという人いるから、追っかけていって一緒に行って「どうも」と置いてきたりしています。「遠慮しないでいいんですよ。卵一パックだっていいんですからどうぞ」と。ある一定の年齢になると、配達してもらうのは悪いからと無理に買うのがわかるのですよ。そういうことをしちゃうと続かないので、「食パン一斤でもいいのですよ。牛乳一本でもいいんですよ。ついでなんですから」といいます。実はわざわざ届けにいっているのですが、でもそういうふうにして何とか親切で便利なお店だなとお客さんに思っていただくように心がけています。やはりいまお客さんは敏感ですからね。お客さんを大事にする気持ちがいっそう大事な時代なんです。

植田　そういう点では、最初フランチャイズシステムが普及し始めた頃から、結局本部が経理とか仕入れとか値付けとかはみなやります、本部がいう通りやってくれれば儲かりますよというのが、売りだった。だから脱サラでも素人でも誰でもできるといって加盟店をどんどん増やしてきたわけですよ。いまはそんな時代ではない。やはり考えるオーナーが必要です。地域の消費者の動向なりをよく研究して他の店との比較で、そういった勉強も研究もして、うちの長所は何か、魅力は何かということを信念を持ってやる。多少本部のフランチャイズの画一的な統制に抵抗するようなことをやるオーナーが生き残っている。

コンビニが犯罪とからむ側面も

戸ケ里　そうですね。実は本部にいいなりになっていた加盟店さんで、ずいぶんお気の毒な状況の人はいっぱい知っていますよ。何千万円もの借金を抱えたまま家も土地もなくしちゃったとか、体を壊したとかね。そこからやはり本部も学んだんじゃないですか。

植田　そうですね。

戸ケ里　それで、いつの時代も何でもが表裏一体の部分ってあるじゃないですか。この間も高田馬場で、新宿・歌舞伎町のスナックのママが自宅に帰ってきたら、両端からナイフみたいなものを突きつけられて、カードをよこせとやられた。ところが夜中の一時二時に銀行カードを現金化するのはコンビニなんです。全部ＡＴＭおいているから、外国人が「お金お金、カードカード」といったというのですよ。そのカードで全額引き出されちゃったんですよね。便利さと一緒にそういう犯罪も激増していくから、その辺のところは行政にはたらきかけたいという点はあります。実はそういう事件は頻繁に起こっていますよ。「コンビニで買ってくるから何か用ないの」といって女の子が自分の友達なのにハンドバックからカードを持っていって、知らんぷりして引き出しちゃったというのです。ＡＴＭと一緒にそういう犯罪もどんどんまた膨らんでくるから、本部もその功罪を真剣に考えてほしいものですね。

本部と加盟店の利益配分是正を

植田　コンビニは社会ではいわば、なくてはならない存在になってきている。その一方で本部が売上の悪い店を閉鎖していく。地域社会にとってはコンビニが公共的役割を果たしているのを本部の利益追求という面から強制的に無理矢理やめさせるというのは、地域住民の利益を無視している。本部の都合一本でやる。これは本部の側の矛盾ですね。

そうすると、本部の側が地域社会ではなくてはならない店づくりをするんだということになれば、一つの加盟店が経営の成り立つようにやっていくという仕組みにしていく必要があるわけですね。それはさっきおっしゃったロイヤリティーがきつかったという、要するにコンビニのもう一つの最大の問題は、本部が利益を取りすぎている、吸い上げているということの問題なんですよ。だから商工会議所の人だって、コンビニ問題を少し勉強し始めている人は、「これは本部が儲かりすぎだよ」とみんないうのですね。だから加盟店と本部の利益の適正な配分ですね。これはコンビニが発展していく上での非常に大きな課題ですね。

結構そういう関心を持っている人は増えつつあるのです。現実に日本のフランチャイズ産業の本部は、一二〇〇社くらいあると思うのですが、多数は中小企業なのです。大企業はコンビニぐらいなものですよ。だってフランチャイズシステムでは資本と労働力は加盟店持ちなわけですから、中小企業が開発したいろいろな技術みたいなノウハウをもっと広めたい、事業を大きくしたいんだという場合に、フランチャイズシステムで事業をやるというのは、大企業よりもむしろ資本力が乏しい中小企業の方がやりやすいという面があると思うのです。だから健全な本部を立ち上げる。本当に加盟店も本部もやはり協力ができるような可能性というのはあるので、それは少しおもしろい動きかなと思います。

戸ケ里　いまの利益の配分の問題をどう改善するかは大事ですね。これがやはりきちんとした形でなされないといけない。

植田　本部の方の協会、社団法人日本フランチャイズチェーン協会という団体があるんですが、それに対してうちは加盟店協会なんですが、向こうの協会もフランチャイズ本部を立ち上げる相談とか研修会とかやっているのです。そこで向こうの協会が強調するのは、本部さえ儲かればいいんだということでは駄目だといっています。

戸ケ里　それはそうですよね。

植田　やはり加盟店も経営が成り立つような仕組みでやっていかなければだめだということを相当強調していますけどね。残念ながら本部のその辺の問題点がある。しかしそこはいまのままでよいということよりも、何とか改善しなくちゃならないという考え方は明らかに強まっているんで、そういう面ではこれからフランチャイズビジネスというのは、私は将来性といいますか展望があるんじゃないかというふうに思いますね。

本部との共存共栄へ接点を見つける

戸ケ里　確かにおっしゃる通りこれからフランチャイズビジネスは、どんどんいろいろな形を変えて発展するだろうと思うけれど、それに加盟している私たちが、やはりもっと勉強しなきゃいけない。それからまたその勉強するチャンスを本当に与えて欲しいです。私の友達（コンビニ経営者）なんかも、ある本部に三〇〇〇万円超える負債を負ったのです。そんなのは本当は裁判に訴えたっていいといったのですが、もう精も根も尽き果てたというのでやめてしまったのです。いわれるままにやっていたのではいけない。私の場合にはもともと最初から持ち物件だったものですから、「私の店であんたにあれこれいわれたくない」とか、頑としてがんばって、これとこれだけはうちは絶対に大事なものだしということを主張してきた。それを「本部にない商品を扱うな」とずいぶんいわれましたけれども、私は絶対受け付けなかったですね。「これがあってうちは生き延びてきたんだからだめ」といってね。そういうこだわりというんですか、そういうものも、これから参加するオーナーは絶対必要ですよ。それからいろいろな形で呼びかけて、学習会を開く。お互いに共存共栄していくためには、どこか接点を見つけるために学んでいくというのは、これ絶対に大事なことなのですよ。

植田　例えば、私たちの協会と全国商工団体連合会と学者・研究者で、「フランチャイズチェーン研究センター」というのをやっているんですね。それで二〇〇四年四月に、熱海で初めて研究交流集会をやったのです。そのとき私が強調したのは、現に中小企業を営む業者である人が、フランチャイズシステムに参入する優位性について、すでに経営者をやってきたので、中小企業経営、事業者経営になるというのはどういうことなのかというのはご承知なわけですよ。自分の事業の採算点、労働者管理、従業員の管理の問題にせよ知っている。しかし問題は、労働者がいきなりフランチャイズ、コンビニをやるという人が多いわけです。いまのコンビニは約五万数千ありますけれども、そのうち多いのは脱サラした人です。それが増えすぎた。この人達が実は一番問題なんですね。だから本部に任せてくれればいいんだといわれた通りにやったものですから、経営者になる、事業経営というのはどういうことかということについてまったく知識がない。結局労働すれば金をもらえるんだというのは労働者の考え方です。しかし事業経営というのは働いて資本投下しても赤字というのはあり得るわけです。しかし労働者の感覚では、それは本部がけしからん、になるわけです。そうじゃないのです。

戸ケ里　そうですよ。

事業経営者が基礎知識を学ぶ場を

植田　その人たちがフランチャイズ産業に参入する前に、事業経営者になるということはどういうことかという最も基礎的な知識を学ぶ場が実はない。これは私は全体としての大きな課題ではないかと思うのですね。脱サラの人が事業を始める。その人にとってどんなことが必要か。つまり金の借り方、税金の制度とか、やったことないわけですから。特に自分の経営内容が赤字か黒字かさえわからないわけですよね。

戸ケ里　私は昭和四一年に結婚したのですけれども、パン、団子、大福なんかを山ほど並べて「いらっしゃいませ」といってお金が入ってきました。あるときに夫がぽつんといったのです。そのとき食パンが一斤四五円だったのですが、「その四五円のうちに俺たちの儲けは五円なんだよ。その五円のなかから水道・高熱費、電気代、ガス代まで払っていくんだよ」と。私まだ何にも知らないで、四五円が全部うちに入ってくると思っていた。一個百円の大福が、全部うちに入ってくると思っていた。ところがあんこ代、あんこを練る、小豆の代金、お砂糖の代金、あんこにしたガス代が全部ここに入っているというのがわかって、私そのときショックでした。その五円から、しかも税金まで払っていくんだと聞いたとき、大変な人と結婚しちゃったと思ってね。とんでもないことになっちゃったと思ったのですよ。でもそのときから大変なまんまずっと商人で生きてきました。商売というのは不思議なんですよ。例えば一〇個仕入れるでしょ。一〇個は絶対に売れないのですよ。完売ってしないのですよ。八個はぱぱっと売れるんですが三個残るんですよ。実はその三個が利益なんですよ。何でもそうなの。三七年商売していても、「いやー、会心の売れ行きだな」ということなんか少ないですよ。じゃあ今日うんと残ったから明日どうせ残るから減らすかな、それとも増やすか、もうこれの連続です。二個が売れたらもうけなのにこの二個が売れない。小売店ってみんなそう。小売店をやった人でないとその悲哀はわからないですよ。じゃあそうかといって、その二個を売りたいがためになんて店に置いておいたら、賞味期限切れですからね。もうお客さんなんて来ないんですよ。そういうつらさがありますよ。そこをなんとかクリアーしなくちゃ商人は生き残れませんね。

健全な産業として発展する可能性

——いろいろと勉強になる話が出ましたが、時間が来たので締めの方へそろそろ入っていこうかなと思います。植田さん、実際いま話されたような方向で進んでいく上で、これからどういうふうに解決しなければならない問題があるか。それから協会として目指している方針も含めて展望の話を整理して語っていただければと思います。

植田　加盟店も本当にいろいろな角度で勉強、研究ということをやっていくということが、一つは非常に大事かなと思いますね。従って私たちの会としても、経営者団体らしい会にしたい。そしてフランチャイズのオーナーとして必要ないろんな基礎知識というものの勉強会だとか研究会とかというものをいろいろな形態を含めて強めていきたい。そして一つの加盟店にとって本当に自分自身で自分の経営をどうしていくかという意見を持たないと、やはり続けていくことができない時代なんだということです。本部のせいにばかりにしているのではなくて、加盟店の側の経営努力を、そして経営力を付けていく。

もう一つは、同時にだんだんこの産業全体としては社会的役割、経済社会での地位を高めている。それだけにこの産業を本当に健全な産業にしていく必要があると思うのですが、その可能性も、そういう条件もあるのではないかと思うのですね。それは例えばフランチャイズ本部に働いている労働者の問題ですね。これは相当ひどい状態に置かれている。加盟店の労働者も低賃金ですよ。全体で二五〇万人の労働者が、この産業に従事している。その労働者の生活と権利を守るという労働者自身の運動の発展の芽が出てきているんで、そういう労働運動のサイドでフランチャイズ産業をどうしていくのかということがまだ日本では不十分だと思います。

これがどこまで行くのかというのは、健全化の一つのキーポイントになると思います。もう一つは、消費者住民運動としても、フランチャイズ産業について期待や関心を持つ人たちが増えてきている。いま一番起こっているのは安全の問題です。レジ袋減量運動とか、環境の問題とか、そういう形で消費者が消費者の運動としてフランチャイズ本部にいろいろと要請を強めたりする。そういう運動もあるんで、労働者や消費者の運動と加盟店の活動との連携、共同という条件も高まってきている。これもこの産業の健全化の一つの力になっていく時代ではないか。

地域経済活性化と安全な街づくりに貢献する店として

もう一つは、地方自治体が地域経済を活性化させるという角度から、あるいは地方自治体財源を拡充するために、フランチャイズ産業に対して非常に関心を強めているという問題と、安全なまちづくりという観点から施策に取り組みつつある。地域で、わがまちでフランチャイズがどうなっているのかという実態を押さえて、そこをなんとか安全なまちづくりの行政に生かしたいという角度から、地方自治体が関心を強めているところです。地方自治体がフランチャイズ産業にかなり注目してきているというのは、重要です。いずれにしろ国民、自治体、官庁の間でフランチャイズ産業への関心やら研究やらを進め、現状をやはり改革すべきは改革すべきではないかという勢力が強まっています。そこにこの産業の健全化への展望があるので、一人ひとりの事業経営者は、その社会的責任を自覚した中小企業経営者としての活路を切り開いていって欲しいと期待します。

店主は井の中の蛙にならないよう勉強することが大切

――戸ケ里さん、事業者としての立場でお願いします。

戸ケ里　いまおっしゃったように、フランチャイズチェーン店の健全化ということのためにどんどん働きかけてやって欲しいなということを第一に私も思います。私たちというのは、活字で読むよりまず先に肌で感じる部分があるんです。接客の最先端にいるものですから。だから確実にいくらか変わってきたなというのがわかります。ぜひ側面からいろんな力を貸して欲しいなと思います。

それからさっきおっしゃっていたように、コンビニエンスに限らずフランチャイズはもっともっと増えるだろうと思うのですよ。やはりそこで働く人たちは確かに本当に気の毒なような労働条件に置かれて、まるっきり若い労働力を使い捨てにして、それで当然だって感じもあります。そういうのは、もっと改善する。やはり労働に対する対価というものがきちんと確立する方向に指導すべきですね。それからもう一つは、私自身も含めて勉強しなければだめです。

とにかくあらゆる商売をやるうえで、経営者とはなんぞやなんてそんなに構えなくて、自分がやっている商売はどうなのかとかそういう部分で勉強していく。どちらかというと、特にコンビニなんかの店主は、井のなかの蛙みたいになりがちなんです。もう自分の仕事に追われているものですから。だから植田さんの協会が定期的にニュースを流すとか、大事なことなんです。時代の方向を自分自身がつかめたら、そこから希望がわくじゃないですか。時代ってこういうふうに流れていると。今日も私こうしてお話をお伺いしまして、ああそうか、そういうふうに考えているんだということで、帰りは足が一段と軽くなりますよ。どんな職種であれ、どんな立場にいても、時代や社会に対してアンテナを高く上げて、自分自身の存在感をきちんと見ていかなかったら希望は出てこないですよね。

いま私は、何としてもこの場所でがんばる。どうせ人間いつかは店を閉めなければならなくなるときが来るのですから。私がずっと心に決めているのは、先程話したように、近隣の商店が閉店しましたが、どの店もうちに来たお客が――実はお客というのはみんなとても薄情なんですよ――「ねえお肉やさん潰れたのね」「八百屋さん潰れたのね」「魚屋さん潰れたのね」。「潰れた」というのですよ。私そういう言葉を聞くときに、よしっ、うちがいつかやめるときには、「松美さん潰れた」って絶対いわせまいと。いままで自助努力を重ねて「やめないでよ」と惜しまれる店でいようと思うのです。うちがやめるときには「何十年の長きに渡って本当にありがとうございました。こういう理由で閉店するんです。お客様みなさまお体をお大事に。長い間ありがとうございました」と。私はそういうしめくくりをしたいなと思うのです。だからいまはやはり本当に厳しい現実ですが、胸を張ってきちんとお店をがんばっていたいなと思うのです。この店は私が生きた証しですから。

――本日はありがとうございました。

第Ⅱ部　コンビニ・フランチャイズ加盟店のための何でも相談室

1　コンビニ店経営の将来性

Q　コンビニは「飽和状態」と言われますが、コンビニ店経営に将来性はあるでしょうか

コンビニ業界という視野で見れば、将来性はあると思います。「コンビニ時代は終わった」とは考えません。

今、大手コンビニ本部が到達している「コンビニ事業」は、他の小売事業者（百貨店や大スーパーなど）と比較にならない「水準」にあると見ます。製造・流通・販売・消費の四つの部門を統一的にとらえて「一つの合理的事業」に仕上げています。

しかし、フランチャイズ契約を結び、コンビニ店経営に踏み出す際には、慎重な検討が必要です。一般に小売業では、八割が立地条件で決まると言われます。コンビニもまさにそれが当てはまります。立地に恵まれるかどうかが、第一の要件になります。とは言え、この場所なら大丈夫と言い切れるか、は容易なことではありません。駅前でも経営不振で撤退する例もあります。最終的には「やってみなければ分からない」のですが、事例をもとに標準的な考え方などを述べることにします。

コンビニ店にも「違い」がある

コンビニ店の一つひとつを注意深く見ますと、かなり店で違いがあります。コンビニはどこでも同じと思いがちですが、そうではありません。レジが何台ある店か、店の明るさ、清潔感、従業員の動作、言葉遣い、商品の陳列方法、その店の「今日の目標」が客にアピールできているか、画一化されたフランチャイズ契約を活用しつつ、オーナーの顔・理念が見える「個性」が発揮されているかなど、やや専門的ですが、そんな目線で一つひとつのコンビニ店を見ると、かなり違うことに気付かされると思います。

言葉を変えて言えば、その立地条件をよく分析もして、常にお客さんの「満足度」に関心をもち、「個店の魅力」「他店との差別化」に惜しみない苦労をしているコンビニ店は覇気を感じさせます。フランチャイズ契約で厳しく「制約された」条件のなかでも、それぞれの本部の特色をつかみ、生かして、コンビニらしい経営努力を日々「革新」していくなかから、将来展望を切り開いている店もあります。そういう理念を確立するならば、コンビニ経営の将来性はあると見ることもできます。

コンビニへの消費者ニーズは高い

ほとんどのコンビニ店の一日の来客数は五〇〇人を超えています。なかには、一日の客数が五〇〇〇人という店もあります。一日の売上が最も少ない店で二〇万円、多い店は一〇〇万円を超えます。あの小さな店舗面積で、一つひとつの商品を見れば、そんなに高額商品があるわけでもないのに……と驚かされます。フランチャイズ・コンビニ以外の中小小売商店で、これだけの客数、売上は考えられないのではないでしょうか。

国民・消費者サイドから見て、コンビニ店を利用する機会はますます拡大する傾向にあります。現代コンビニは「小売業」を超えて「生活総合サービス業」になっています。税金・公共料金や各種代金の収納・支払い、飛行機、新幹線の切符予約、コンサートなどのチケット販売、宅配便、ファクス、コピー、郵便、現金自動支払機、公共施設利用届け、住民票発行などなど、コンビニ店が対応する機能は大きく広がっています。

しかも、大型店のように、三階に行ったり五階に行ったりという手間がなく、狭い店舗の一階だけで用を済ませてしまうのです。さらに今後は薬販売など業域を広げる方向にあります。

使い慣れてしまえば、高齢者や障害者にとっても、使い勝手の良い店になり得ます。最近の店舗は通路も広く、車椅子利用が可能で、トイレも気軽に使用できる店が増えています。消費者・住民が普通の生活を営んでいく上で、なくてはならない、実に便利で、「公共的役割」を高めています。

時代変化へのコンビニ本部の対応力

他の業種・業態のフランチャイズ本部と比較した場合、大手コンビニ本部は時代の変化への対応力、消費者の満足度への機敏性などにおいて、勝っていると考えます。

高齢化が進み、コンビニ利用客の年齢層も五〇歳代以上の伸びが著しいという「変化」に対応して、弁当の中心を、野菜と魚をふんだんに使い、米の質もグレードアップする「弁当改革」を真っ先におこなったのはコンビニでした。女性客、高齢者を意識した「低いカロリー」「新鮮野菜」「少量」モノを主力にして、「コンビニ弁当は結構おいしい」という評価を定着させました。いまは、「フライヤー」と言って店で調理する商品を開発、売上を伸ばしつつあります。この方式が、「作りたて」という点で消費者にうけている面と、従業員の「やる気」を喚起している面があります。

加盟店募集の面でもコンビニ本部は大きく変化しました。売上予測を示さない、加盟店募集の応募者に対しても「当社の理念にかなう人か」「商売に向いている人か」など、本部例の審査も慎重にする、契約書を事前によく説明し、第三者の意見も聞いてよく納得して契約書を交わす、契約書を交わした後の心変わりも認めるクーリングオフ期間の設置など、以前には考えられないような加盟店募集になりました。

地域性重視、地域密着型への志向を強めているのもコンビニ本部の最近の変化の特徴です。従来は「全国統一」「画一化」が大方針でした。最近は地方自治体と包括協定を結び、地域の特産物を積極的に販売することや、地域経済の振興、地域防災への協力、環境対策の強化など、地域重視の経営戦略を推進しつつあります。

もちろん、不徹底さや課題も多いのですが、少なくとも、このように時代変化への対応をすすめながら二一世紀の勝ち残りをかけた「改革」に能動的、攻勢的です。

コンビニ店経営は厳しい面も多い

しかし、コンビニ店経営の将来は、すべてがバラ色ではありません。他の事業と比較して厳しい面も少なくありません。

独立心の強い人はコンビニに向かない

コンビニ本部が、加盟店を真に事業経営のパートナーと位置づけているか、という点では大きな問題があります。他の業種のフランチャイズ契約と比較して、コンビニのフランチャイズ契約は、本部の「強権支配型」の内容で突出しています。基本契約のほかに、マニュアル文書があって、この文書が微に入り細に入り加盟店を拘束しています。契約書は「事業者と事業者の契約」であることを明記しており、文面どおりに解釈すれば、加盟店に独立した事業主としての権限があることになります。

しかし、実際は加盟店の裁量権を大きく制限しています。

したがって、何を仕入れるか（仕入れないか）、販売価格をどうするか、営業時間をどう設定するか、などの商売をする上での妙味、面白さなどの「裁量権」はないに等しいと考えた方がよいでしょう。自分の店であって自分の店でない、「名ばかりオーナー」のようなもの。自立した事業経営者志向の強い人はコンビニに向いていないと考えた方が実際的です。

競争の激しさは避けられない

大手コンビニ本部は、「その地域でのシェア第一位」を地域戦略の目標にします。一位でなくとも、少なくとも一定の影響力をもつ位置をめざします。そして商品の配送、本部社員の巡回指導などの効率性を高めるために、当該地域への「集中出店」方式をとります。

つまり、あなたの店の商圏内に、あなたの本部が複数の店を出店するのです。競合し、あなたの店の売上は少なくとも二〇％は低下するでしょう。「契約書」には、テリトリー（当該地域の占有権）はないことを明記しています。この問題は、加盟店の経営を守る上での大事な争点であり、未解決の問題です。

コンビニが繁盛する地域には、他のコンビニ本部も進出してきます。コンビニ同士の激しい競争は避けられません。加えて、コンビニの競争相手はコンビニばかりではありません。弁当のフランチャイズ、雑貨品も扱うドラッグストア、中小食品スーパーなど、他業界との競争も職烈です。しかも最近は、大型店の長時間営業も広がりました。深夜営業、年中無休はコンビニだけではない時代です。

消費者のコンビニ評価でもっとも多いのが「値段が高い」という点です。価格競争では勝ち目はないと考えられます。

激務に見合う利益か

基本的に「二四時間三六五日」営業です。また、物を売る以外の各種サービス分野が拡大しており、仕事量、仕事内容は多く、複雑さを増しています。宅配その他サービス部門の加盟店収入は非常に低率です。ロイヤルティー（本部への納付金）は他業種・業態のフランチャイズに比べて高く、独特のコンビニ会計も難解です。

ズバリ言って、激務に比べて実際の正味の加盟店収益は低いと言わざるを得ません。

以上のような厳しさ・課題を克服して、コンビニ店経営の魅力をいかに創造していくのか、業界全体が問われています。

2 「中途解約違約金」問題

Q　フランチャイズ契約を解約するには、「中途解約違約金」を払わなければならないのですか

「中途解約違約金は、必ず払わなければならない」と考える必要はありません。

たしかに、ほとんどのフランチャイズ契約には、「中途解約」の場合、加盟店が「違約金」を支払わなければならないという条項があります。私たちは、この「条項」は不当条項であり、契約書から削除することを要求しています。そして、個別に本部と交渉もして、ほとんどの場合、「違約金はゼロ」という結果になっています。

フランチャイズ契約には、必ず「契約期間」が定められています。セブン‐イレブンの場合は一五年間で、かなり長い契約期間です。その他では、一〇年とか七年、五年、三年、二年とさまざまです。飲食業やサービス業では、比較的契約期間が短い場合が多いように思います。

この契約期間の満了前に、途中でやめる場合の「中途解約」に対して、加盟店が「違約金を支払う」ことを義務づけている契約書が多いのが実情です。

多くの本部は、加盟店側から「やめたい」と通告を受けると、その解約の理由が何であれ、「中途解約違約金」を請求します。加盟店のみなさんの多くは、「契約書に署名押印したのだから、払うのが当然」と考え、「とても違約金を払えないから、やめたくてもやめられない」と、我慢される人が少なくないようです。また、無理をして、なかには借金までして本部からの請求どおりに支払う方も多いと聞きます。

加盟店にも「解約する権利」がある

フランチャイズ事業を始めるときに、「契約期間満了」前に途中でやめるつもりで契約する人は、まずいらっしゃらないと思います。ほとんどの人が、長期間の継続取引を決意されて始められるのだと思います。だからこそ、投下資本数百万円、あるいは数千万円が回収できるという判断ができるわけです。そういうこともあって、契約前に、やめるときの契約条項に関心の目を向ける人が少ないのが実際です。

事業を開始して、期待したとおりに売上・利益が上がらず、赤字が続くという事態になることがあります。その原因には、いろいろなことが重なっている場合が多いものです。例えば、商圏範囲内に競合店が数多くできたとか、新しい道路ができて人の流れが大きく変わったとか、商圏内の工場・事業所が撤退して顧客が大きく減少したとか、加盟店の自助努力だけでは手の打ちようのない経営環境の変化もあり得ます。

事業経営には必ずリスクが伴います。うまくいかない場合もあるのが当然です。すべて願いどおり、期待したとおりにいくという「いい世の中」ではありません。赤字経営に陥り、それが一定期間続く事態になっても、実際、「撤退」の決断は難しいものだと思います。しかし、冷静に、分析的に考えて、撤退の決断をすることが重要な場合があります。

ここで重要なポイントの一つは、フランチャイズ契約の解約権は加盟店にもある、という立場に立つことだと思います。本部の承認・同意がなければ解約できないと考えないことです。不採算店の長期継続は、傷を大きくし、事業の再生力を大きく損なうことになるわけです。

意外に多い加盟店オーナーの考え方に、「本部が認めないことはできない」という考え方があるように思います。私はこの会の事務局長一〇年の経験で、新鮮な驚きに似た思いをさせられるのがこの点です。本部優位のフランチャイズ契約を基礎とする、長期間にわたる圧迫・指導の継続のなかで、培われ、「洗脳」されてしまったというのは失礼なのですが、そう思ってしまうほどです。「本部はどう出るか」「本部にどう思われるか」「本部に何を言われるか」を基準に物事を判断されるオーナーが多いのです。コンビニで言えば、二四時間、三六五日、絶える間もなく本部の指示・圧力を感じて仕事をされた結果なのでしょうか。恐ろしいとさえ思います。

従って、中途解約の決断、本部へのその意思表示・通知は、非常に勇気が必要な行為になります。勇敢なオーナーばかりではありません。「もうからない」「もうやめたい」という会への相談、一本の電話、それ自体が勇気を伴う最初の行動です。

そういう実態を知った上ですから、生きる言葉かどうか、ためらいながらも、やはり、「不採算店を閉鎖する」権利と決断は、加盟店オーナー固有の権限でもあるという立場にしっかり立って欲しいと言いたいと思います。

一般に、本部は「もうからないことは先送りする」傾向があります。電話や対話で、「もうやめたい」と言っても、それだけでは本気で対応しようとしません。数カ月間、聞き流しにすることも珍しいことではありません。

文書で、「何年同月同日をもって解約したい」と通知することが、出発になります。

「違約金なし」が時代の流れ

経営環境のさまざまな変化によって、売上・利益の減少傾向が続く場合、このような変化に対応した、販売価格の変更、新商品の開発、サービスの革新、人件費対策、店舗のリニューアルなどの面で本部も加盟店と共同して、新たな経営維持・向上への対策、ある場合には支援策を講じたか、ということが問われます。

また、加盟店オーナーや家族の病気という事態もあります。加盟店の側に不正行為があったり、経営努力ゼロの無責任・放漫経営による経営不振の例も、ゼロとは言いませんが、そういう場合は別として、中途解約の決断をせざるを得ない理由を分析すれば、本部にも責任があり、非がある場合がほとんどです。加盟店に一〇〇％責任がある、という場合は極めて異例です。中途解約をせざるを得ない事態になった原因はいろいろあり、その決断をする過程を見れば、本部にも責任があると本部も認めざるを得ない事実があります。それにもかかわらず、違約金を加盟店が支払わなければならないというのは間違っています。

契約書で、初めから中途解約の責任は加盟店にあると断定し、しかも、違約金の金額まで初めから決定しているという契約書は、全く不当です。本部あるいは本部の代理人弁護士と交渉したとき、「なぜ違約金が五〇〇万円という金額になるのか。その計算の根拠を説明できるか」と迫りますと、「説明できない。契約書に書いてあるから、としか言えない」と言うのです。

一九九八年四月に、加盟店の全国組織（コンビニ・FC加盟店全国協議会＝当会の発足時の会の名称）が誕生しました。その年に、コンビニ本部のサンクスの役員と会の役員との懇談が実現しました。そのときに、中途解約違約金の問題を提起しました。しばらくしてサンクスは、経営不振による中途解約の場合は、違約金は徴収しない、と契約に明記する変更をおこないました。

その後も当会は、あらゆる機会に本部に対して「中途解約違約金は不当条項である」という主張を続け、「見解」も公表してきました。事実、当会に相談があったケースでは、圧倒的に「中途解約違約金」はゼロで解約になっています。

二〇〇八年秋、ある大手本部幹部と非公式会談の機会を得ましたが、そのときもその幹部は、「契約書には、本部の担保として違約金条項を明記しているが、経営不振による中途解約に際しては違約金をとらない方針を貫徹している」と明言していました。

二〇〇七年に埼玉地方裁判所は、「契約後五年以上経過した場合、本部は投下資本を回収済みと考えられる。加盟店から違約金を徴収する合理的根拠がない」「違約金条項によって継続取引を強制することは、営業の自由（継続取引からの離脱を含む）を阻害する不当条項である」という趣旨の画期的判決を下し、違約金請求を提訴した本部は上告を断念、判決が確定しました。この判決が出た後、ある本部は中途解約違約金条項を契約書から削除する更改をおこなっています。

契約書に「中途解約違約金」条項を明記している本部が今も多数ですが、この条項の運用の実際は、機械的ではありません。

商品代金の未払いもあり、税金も滞納しており、売上アップの見通しも持てない。こんな加盟店から「違約金をとれるわけがない」という本部が多くなっています。また、経営は順調であっても、病気によって継続が困難という場合も増大傾向にあります。一〇年前は「前例がない」と言って、中途解約違約金を請求する本部が多数でした。今では、「人道的に措置する」と、違約金ゼロ解約がすう勢です。

がんばってこそ「違約金ゼロ」が実現

しかし、「解約通知」を出すと、その最初の回答では、契約書どおりに「中途解約違約金」を計算した、解約清算試算書を示すのが多くの実例です。当会の存在や、多くの加盟店の奮闘などでの到達点をご承知でない多数の加盟店は、この本部試算を撤回させる立場にも立てず、請求されるままに応じておられるのだと推察します。

また、当会が相談を受けたケースでも、多くは即座に、スンナリ、本部が違約金請求を撤回する例ばかりではありません。それが今の力関係での現実です。冷静に事実を確かめながら粘り強く交渉して、初めて違約金ゼロが実現します。

アメリカなどでは、中途解約の場合、「契約期間を満了できたなら、加盟店が得ることができたであろう利益分を本部が保障する」ことになっています。日本の現状では、この水準までにはまだ、年月を要するのではないかと思います。しかし、交渉・運動によって、経営不振や病気など、やむを得ない事由での中途解約に違約金は無い、という時代に変化してきた到達点への確信、理解を広げたいものです。

3

「売上予測と実際の売上の差」の問題

Q　売上予測と実際が大きく違います。本部責任を追及できるでしょうか

泣き寝入りせず、本部責任を追及し、損害額を本部に負担させるべきです。加盟店が本部方針やマニュアルを守りまじめに経営に当たっても、本部が示した売上予測と実際が大きく違う場合、その損害を加盟店だけに負担させることは許せません。

本部に損害を負担させる方法として、損害賠償請求の裁判を起こす方法と、本部との交渉という方法があります。

たとえば、一〇〇万円の売上予測が、結果は四〇万円以下というように、六〇％以上も違う場合は、損害賠償を求めて提訴した場合、「本部予測に合理性がない」と加盟店勝利になる場合がほとんどです。これが裁判の場合の今の到達点と言えます。

しかし、裁判という方法ではなく、交渉で本部責任を問う場合は、予測と実際の差が六〇％

以上なければ本部責任を問えないのだと考える必要はありません。五〇％差、四〇％差、三〇％差という場合でも、問題にしていくことが大事です。

本部はどのように責任をとったか

本部が大企業でもなく、力量に限りがある場合などの解決事例では、「フランチャイズ契約に同意した自分も少しは負担する。損害ゼロにせよとは言わない。自分も血を出すから本部も血を出せ」と言って、損害額の六割から七割を本部に返還させた、という解決事例があります。

商品の仕入れ代金の未払い分はゼロ、解約違約金はゼロ、撤退費用は本部負担、保証金は返還、什器・設備のリース残額は本部負担で解約というケースもあります。

力のある本部の場合、「本来、立地すべきでないところに立地したのは本部責任だ」と本部に認めさせ、損害額がゼロになる金額で本部に店舗を買い上げさせた例もあります。さらに、数少ない事例の一つですが、Aさんは忠実に本部方針を実行し、それ以上にさまざまな独自の努力を一年間続けたが、どう頑張っても本部が示した売上予測には到達しない、という実践結果を詳細に見せて本部の責任を追及しました。本部は全く反論できず、実損額を弁済させ、加盟金も返還させ、一年間のオーナーの労働対価として月三〇万円の一二カ月分を本部に出させることができました。

こうした解決に結びついた事例の前提は、当たり前のことですが、真剣に本部方針や経営マニュアルを実行したという場合です。あれこれと本部に経営者としてやるべきことをやっていない弱点を突かれると、納得のいく結果にはなりにくいのが実際です。

また、裁判の場合、本部に支払うべき仕入商品代金などの未払い金があると、損害補償額から相殺されてしまう例が多いという問題があります。赤字だから本部に支払いができないということなのですが、裁判官はなかなかこの点は認めないものだと覚悟しておく必要があります。

したがって、売上予測と実際の違いが大きい場合は、傷が浅いうちに手を打つことが大切です。とは言え「石の上にも三年」ということわざもあり、この決断が実際には一番むずかしい事だと思います。しかし、この点での機敏な判断の決断が絶対に重要だと強調せざるを得ません。

本部が作成する「売上予測」の正体

コンビニ以外の各種小売、各種飲食、美容や学習塾の各種サービスなど、あらゆる業種・業態で売上予測と実際の結果が違いすぎることから、紛争になることが非常に多いのがフランチャイズビジネスの大きな問題です。

ある飲食関係のフランチャイズ本部・D社の場合、商店街出店の売上予測も、住宅街出店予測も、商圏内人口が五〇〇〇人でも一万人でも、「月間売上予測金額」が同額、というひどいものでした。これほど無責任でいいかげんな予測資料を示す本部ばかりではありません。

しかし、ある数式で機械的に売上、経費、収益などを計算して予測資料を作成する本部が多いものです。特に、フランチャイズ本部を起業して歴史も経験も浅く、企業を伸ばすために加盟店を増やそうとする本部は、必ずもうかるつじつまあわせの売上・利益シミュレーションを机上計算で作成します。一定の経験のある本部は、成功例を機械的に適用して作成します。

意外に問題になるケースが多いのが、大型店内の店です。大型スーパーやショッピングセンターはそれなりに集客力をもっています。日曜日などの客数を見て、「これだけ客数があるのなら」と思ってしまいます。また、有名な大スーパーやデパートの中での店舗経営に、ある種のあこがれも作用してしまいます。そこを読んで「有名大型店に出店」を「ノウハウ」と売りにして、加盟店募集の「目玉」にしている本部もあります。しかし、店舗の前を通る客数は多いが、通行人が多いだけ、という現実にぶつかることが少なくありません。

一方、本部側の証言では、「売上・利益予測額を示さなければやる気に向かわない。あくまでも予測であって、これを保証するものではないと説明している」と言います。変化したのはコンビニです。コンビニ本部は、売上予測を示さなくなりました。ある大手コンビニ本部は、一定の資料を加盟希望者に提供して、加盟希望者自身が売上、経費、利益の予測計算をする、という方法をとっています。自ら計算して、納得した上でのことになります。売上予測と実際の差を問題にした裁判での敗北経験から学んだ本部の知恵でしょうか。

「本部責任追及」のカギは

「自己責任」思考からの脱却

土台になるのは、「無責任に、科学的根拠のない売上予測で加盟させた本部に主な責任があるのだ」という立場に立つことです。実は、この点が実際には容易でないのです。

私が一〇年余接してきた体験では、圧倒的多数の加盟店は、「自己責任」を一番重く考えられるということです。「本部への怒りはある。しかし自分もバカだった。自ら契約書にハンコを押したのだから」というわけです。そこから、本部責任追及にためらいが生まれ、ずるずると時が過ぎ、傷を深くしてしまいます。売上予測が大きく違うという実態は、詐欺的行為による勧誘であり、契約解除の合理的理由になるものです。ここに確信をもって断固とした立場に立つことが正当です。

いま、派遣労働者の「派遣切り」が大きな社会問題になっていますが、「派遣切り」は以前からあったことです。それが政治・社会問題になった根本は、派遣労働者自身が、「自己責任」思考から脱却して「反撃」に立ち上がったからです。

フランチャイズ問題が大きな政治・社会問題にならない一番の理由、原因はこの点だと思います。事業経営者ですから、自己責任がまったく欠如しているのも問題ですが、売上予測は本部が作成したものであり、また、多くの場合、加盟前は完全にと言っていいほど素人なわけですから、本部説明の非科学性や誤りを見抜く力は無いに等しいのです。加盟者側の責任と本部責任を同列におくべきではありません。

判断は半年から一年の間に

「売上予測に問題がある」という判断は半年から一年の間にすることです。五年も六年も経過してからでは、経営不振の原因がいろいろ重なってくることにもなり、「売上予測」を問題の中心にして追及することが難しくなり、説得力にも欠けることになります。

また、何よりも損害額が膨らみ過ぎるでしょう。

一人で悩まず、相談を

一人で悩まず、相談できる人に相談することです。身近で安心して相談できるところと言えば、やはり民商です。そして、自己宣伝で申し訳ありませんが、民商と当会が連携して対応するのがもっともふさわしいと確信します。他は全部ダメと断定はしませんが、何と言っても経験の蓄積、情報の量、本部と直接交渉ができる、政府機関や弁護士とのつながりなどの点で当会に勝るところは無いと思います。

加盟店個人では本部の、「権限と責任ある者」との交渉は極めて困難です。「おかしい」と気がついたら、一刻でも早く、民商か当会に連絡されることです。

それから先の具体的なことは、具体的ケースに応じてのことになりますし、本書でこと細かに「手の内」を明らかにすることは適切でないと考えます。

「もうかりそうな売上予測」の被害に遭わないために

本部説明をうのみにしないで、自ら検証・確認の行動をすることが第一です。しかし、売上予測のどこが問題かを自力で見出すことは、通常はむずかしいことです。本部の予測以上に高い売上になった、という実例もあります。しかし、ほとんどの本部資料（事前説明用の売上・収益予測計算書）は、売上・利益は過大に見積もり、経費・出費は過少見積りになっていると理解してよいと思います。奇跡的・例外的ハッピーに惑わされないようにしたいものです。

実際の経験者、既存加盟店を見学することも大事ですが、本部紹介の既存店は、「良い店」であり、本部と口あわせしている店が多いものです。その意味では、当会の会員オーナーは真実を語ってくれます。

私たちは、「リスクを説明する義務」を本部に課すべきだと主張しています。アメリカの州法にはこの点が明記されているものがあると聞きます。

根拠のない売上予測を明確に違法行為と規定する法制定が欠かせないでしょう。

4　これからの時代と本部選びのポイント

Q　新年度を機に新分野に進出したいので、安心して加盟できる本部を紹介してほしい

フランチャイズ（FC）でない事業を営んでおられる方や、新たに事業経営に踏み出そうと考えておられる方、また、既存加盟店の方からも、しばしば寄せられる相談です。

おそらく、多額の負債を背負うことになったFC加盟店の相談を受けてこられた弁護士や、FCに参入して「失敗」された経験者は、「そんな本部はない。FCビジネスには参入しない方がよい」と即座に回答されると思います。

私は、少し違ったお答えをします。しかし、結論を先に申し上げれば、「推奨本部」を、企業名を挙げて申し上げることはできません。同時に、「FCビジネスには参入すべきでない」という断定も致しません。加盟店と本部が、「共存共栄」の立場に立って「良好で円満」な関係を維持して、事業経営としても採算がとれ、存続している実例もあります。

いろいろ問題点を上げて本部批判を展開される加盟店もありますが、「コンビニをやって良かった」という方が私どもの会員にもおられます。事実をひろく見れば、頭から「ＦＣビジネスはダメ」と決めつけるわけにもいきません。

また、今は格別、取引関係から発生する問題や訴訟事件もないからと言って、それだけで「推奨本部」と言うわけにもいきません。

本部の選択で考えるべき大事なこと

ビジネス本のなかには、「本部選びのポイント」を解説したものがあります。私自身、それらのすべてを読んだわけではありませんが、一定の参考にはなるのではないかと思います。ただ、それらの中には、特定の本部の息がかかったものもないとは言えません。

私は、この間の体験を通じて学んだ、「本部の選択」で考えるべき大事なことのいくつかを述べることにします。

「大企業だから安心」とは言えない

ＦＣ加盟店で「失敗した」と相談に来られる方の中には、「大企業が言っていることだから間違いないと思った」と言われる方があります。

ＦＣビジネスでは、大企業対中小企業という構図でとらえない方が良いと思います。あくまでも本部対加盟店という構図で考えるべきでしょう。資本金や従業員数、年間販売額などの規模で、優れたＦＣ本部と評価するわけにはいきません。

実際、金の力にまかせて、目先のもうけのために、加盟店の負担を無視して本部利益だけを一面的に追求する大企業もあります。多いと言うべきかもしれません。ＦＣでは、資本と労力が加盟店持ちですから、本部は、直営に比べてリスク負担が軽いという「魅力」があります。事業に失敗して損金が一〇〇〇万円発生したとしても、一〇〇〇万円の重みは大企業と中小企業、家族型経営の加盟店ではまるで違うわけです。

まず直営で「実験」して、採算がとれるという確証を得てからＦＣ加盟店の募集を開始する、というやり方をとる大企業本部ばかりではありません。実験店をＦＣ方式で開始し、大失敗して加盟店に大きな損害を出させてしまった実例も多々あります。

加盟店を事業経営のパートナーと位置づけているか

本部と加盟店が一体となって、顧客満足度を高めるために力を尽くす、その結果として顧客の支持を獲得することができる、という立場を確立していることがもっとも重要な基本点だと考えます。お客さんに満足してもらえるような経営にすることは、本部と加盟店の協働の事業です。この信頼感、一体感を築こうとする本部が、ひとまず、良い本部と言えるかと思います。

「そんな本部は存在しないよ」という、既存加盟店オーナーの声が聞こえてきそうです。

しかし、私がこれまでいくつかの本部役員と話し合ってきたなかでは、この考え方に本部が立つことに、異論を唱える人はいませんでした。加盟店が存在しなければFC本部は成り立ちません。しかし、現実は本部優位の不平等・不公正な「契約書」をもとに日常の事業活動が展開されますから、「事業経営のパートナー」という協働関係を実感できません。ここが大きな基本問題です。

だからこそ、本部の中枢がこの立場に立って本部を運営する、本部機構・社員に徹底しているか、少なくともその努力をしているか、が問われます。

本部企業の実態などの「情報開示」

小売業と飲食業の場合は、「中小小売商業振興法」の「規則」で、「加盟しようとする者に対する情報開示事項」の明記があります。つまり、加盟店が負担すべき経費にどんなものがあり、契約期間が何年か、途中で解約するとどうなるか、契約を更新している加盟店がどれだけあるか、訴訟は何件あるか、など事前に明らかにすべき事項が定められています。これを守り、実行しているかが一つのポイントです。その他の業種には、法の定めがありません。本部企業数がもっとも多いサービス業その他が、法の対象になっていません。ここが大きな問題点であり、だから私たちは、法整備を一貫して要求しています。

今回の相談内容に沿って申し上げれば、法律の定めがないから、事前に正確な情報を提供しないという本部は、「問題あり本部」と判断してよいと思います。

情報を開示している本部も含めて、さらに問題にすべきことは、加盟しようとする人に対しての説明、情報開示の内容が十分か、真実かどうか、という問題です。

中小企業庁の調査で、二〇〇二年から〇八年までに八七本部から報告を求めたところ、七六本部、実に八七％に不十分さが認められ、指導したということです。およそ九割の本部は事前説明や情報開示を満足におこなっていないということですから重大です。

従って、本部の説明や情報開示だけをうのみにしないことが大切です。疑問や不安に感じることを質問し、その質問にどこまで誠実に回答しようとするか、本部選びのポイントの一つだと思います。

ＦＣ本部に求められる機能

一般に事業経営の神髄は、経営環境の変化に、いかに敏速に的確な対応をするか、ということだと言われます。ＦＣ本部に求められる機能の一つは、経営環境の変化への対応、その面での「革新性」が通常の企業以上に強く求められます。なぜなら、「ロイヤルティー」（チャージとも言われる）を加盟店から徴収するからです。

ロイヤルティーの金額は、例えば月間売上高の五％という率を定める本部とか、月間五万円という定額の本部、さらには商品別に率が異なる本部など、さまざまです。いずれにせよ、FC契約が続く限り、本部への納付金は継続します。

ロイヤルティーとは、本部が開発したノウハウを利用することへの対価であり、また、広告宣伝費、商品開発費、経営指導・援助にかかわる経費などへの一定の加盟店負担です。

加盟店になった当初の期間には、本部の援助の効果や期待もあり、この負担に異議を感じないものです。ところが、一年、二年と経過すると、「ロイヤルティーを納めている見返りがあるのか」という疑問が生まれる場合が非常に多いのです。つまり、新商品の開発がない、サービスの革新性もない、SV（スーパーバイザー、監督・指揮）と称される本部の巡回指導社員の「指導・援助」の中身が何もない、ノウハウもあると思えない、という疑問が生まれます。「何のためのロイヤルティーか」という怒りさえ起こってきます。

FC本部は、競争に勝ち、加盟店の経営の維持・向上にふさわしい、商品開発その他の「革新性」が絶えず鋭く求められるのであり、そういう力量を持っているのか、という点が、大きな本部選びのポイントになります。

「やはり大企業でないと無理ではないか」という声もあります。たしかに、資金、人材などを含む「総体としての力量」は不可欠です。しかし、大企業でも、その力量に見合う事業展開をしなければ破たんします。知名度や蓄積した資本などに「安住」していれば、激しい競争や変化に耐えられず、下降の道をたどります。

こんな本部は要注意

以上の大きな基本問題の上に立って、以下、「こんな本部は要注意」事項を三点だけ挙げておきたいと思います。

①加盟契約を急ぐ本部

「これ以上の説明は、加盟金を納入されてからしかできない」など、加盟契約と加盟金の納入を急ぐ本部は注意した方がよいでしょう。分からないことは「分からない」と答える本部の方がまだ、誠意ありと言えます。

②急速に加盟店が増える本部

加盟店の経営が持続できるようなサポート体制が整っていないにもかかわらず、加盟店数を増加させ続けるということは、無責任の証明。「急成長」と業界で注目される本部はかえって危険です。

③本部社員に中途退職者が多い本部

FC契約には「契約期間」がありますが、一部の本部を除いて、長期間の取引を継続することで、初期投資が回収できるものです。本部機能として、加盟店が意欲を持ち続け、事業としても継続可能な状況を築く責任があります。そのためには、本部社員の質の向上と経験ある社員の保全も必要です。加盟店も信頼する本部の幹部や社員が次々辞めていくとか、そういう社員が育たない本部は、大いに問題ありと判断すべきです。

ＦＣ事業への評価・見方に関して

新しく事業者になるとか、事業の多角化を考えるときに、ＦＣをその検討の対象にされる方は今も少なくありません。ＦＣ全体は衰退産業ではないし、あるＦＣ事業に「失敗」した人が別の職業を検討して、再び、これまでとは違うＦＣを選択されるケースも珍しくありません。そういう方に聞きますと「手っ取り早い」という答えが多いのです。失敗体験からも「ある種の魅力」を感じられたということでもあります。私も、ＦＣビジネスが積極的な役割を発揮できる可能性をもっていると考えます。それだけに、失敗を繰り返さない慎重な選択を期待します。

5 「契約前に本部が約束したことが実行されない」問題

Q 契約前に、駐車場を広げるとか、顧客拡大の応援をするとか、いろいろ本部がやると約束したことが、全く実行されません。どう本部責任を追及したらよいでしょうか

3の「売上予測と実際の差」の問題と同様に、フランチャイズ（FC）のトラブルでもっとも多いのがこの種の問題です。コンビニ、学習塾、美容、飲食関係などほぼすべての業種に共通して存在します。解決の事例はゼロではありませんが、実は、もっとも解決が困難な問題という感じがしています。

契約前のこの種の「約束」はほとんどの場合、「覚書」など文書ではなく、口頭の約束で、しかも、本部役員など権限と責任のある者ではなく、一人の社員が口にした、という程度のものです。

しかし、「口頭契約」も契約として有効であることは民法上、明確ですし、加盟しようとする側は、

「本部の約束」と理解するのが当然です。

この「約束事」の内容は大きくいって二つに分かれます。駐車場を広げるには地主との交渉が必要なように、本部の意思だけではできない「約束事」と、販売促進支援のように、本部がその気になればできる「約束事」があります。それに応じた追及をすることになります。

本部と一緒に動いて解決する

たとえば、駐車場を広げる場合、地主との交渉が必要です。実行しない本部を批判するだけでなく、本部社員と一緒に地主と会うなど、解決へともに動くことが大事です。やってみると、地主は「そんな話は今、初めて聞く」と言い、本部は何もしていなかったことが明らかになったりします。ここで、本部不信が芽生えるのですが、それはさておき、自分の事業を良くするために誰よりも熱心になるべきは事業主ですから、その行動を起こすことです。交渉してみたら、地主は、「別に異存はない。遊休地なので活用してくれればいい」と、即解決した例があります。なお、こういう場合、地代の負担をめぐってトラブルになるケースもあります。地代負担をどうするかは、FC契約によってさまざまですが、あらかじめ、この負担割合を本部と詰めておくことが大事です。

酒販売・タバコ販売の免許など、「本部の責任でとれるようにする」と約束しながら、本部が何もしないなどという場合も同様です。自ら動くことです。

しかし、行動してみたが、ダメだったということは有り得ることです。相手に決定権があることを「やります」と「約束」した本部が問題です。また、免許事項などの場合、法令・規則に照らして今は不可能ということも有り得ます。

間違いなく、本部の責任です。「タバコを扱える」というから加盟したのであって、それがダメなら契約しなかった、と加盟店側は主張します。

このような場合にどうするかは、今後、ＦＣ契約を続けていく上でどの程度の影響がある問題か、の判断によります。決定的な問題の場合、ＦＣ契約の解除という選択もあるでしょう。

本部ができることは実行するまであきらめない

顧客の拡大、販売促進に必要な経費の本部支援など、本部が「やります」と約束したことは、実行するまであきらめずに追及します。極めて多い本部側の逃げの手口は、「担当者が変わった」というものです。そして、新しい担当者も、「そんな約束は引き継いでいない」と言います。「転勤先に確認したが、そんな約束はしていないと言っている」などと、もっぱら「約束がなかった」と主張します。「言った」「言わない」のやりとりが延々と続くのです。ここで、加盟店側があきらめてしまうことも少なくないのが実際です。

しかし、解決事例では、根負けせず要求し続けて、ようやく、本部が実行したという例もあるのです。やはり、簡単にはあきらめないことが大切です。

現状を訴えて実行させる

過去の事実が確認できず、ときが経過するばかり、という場合、いつまでも「言った」「言わない」の水掛け論を繰り返していても前に進みません。ころ合いをみて、「過去のことは言わないことにしよう」と言って、現在の実情から出発して、あらためて交渉することにした方が賢明な場合もあります。

すべてのFC本部に該当するとは言えませんが、加盟店の経営状況が採算割れの場合、その支援・再建の「内規」を定めている本部もあります。「利益が出るまで本部が応援しますから安心して下さい」などと、契約前にはよく言うのです。これを根拠に要求していくことです。引き続きFC契約を「尊重」して頑張っていく決意であることを表明し、胸襟を開いて話し合い、本部の「支援策」を実行させることで再起した事例もあります。

この場合の前提は、①「けんか別れ」の立場でなく「協働責任」の立場で交渉するということ、②交渉相手は一定の権限と責任ある者、の二点です。ここで問題になるのが、個々のオーナーが権限ある者と交渉できるか、という点です。実情は、権限のない本部社員しか会えないという場合が多いものです。一般会社で言えば課長クラス以下の立場の社員の多くは、加盟店からの「要求」を誠実に上司に伝えないで、何とか「抑えこもう」としがちです。私の体験でも、本部の幹部と一緒に問題の地域に出向いて、そこで、その地域の本部社員、加盟店オーナーなど関係者が一同に会して「事実経過を確認する」話し合いをしたことがあります。そこで、本部の幹部社員が初めて知る事実に接し、自らの社員に向かって「なぜそのような大事なことを報告しなかったのか」と、私たちの眼前で厳しく叱責するということがありました。

権限もある役員などに直接問題を通す上で、当会のような組織を活用されることは効果的です。当会は、ズバッと社長や執行役員に通します。権限と責任ある者以外とは話をしないことにしています。もちろん、まずは当事者間で誠実な話し合いをすることを第一だと考えますから、「その場の設定」を要求します。そこから解決の糸口がみつかるというケースは少なくありません。

代替措置をとらせる柔軟姿勢も

契約前の約束事の完全履行がむずかしいという場合、約束どおりではないが、それにかわる措置として、「こういうことなら執行できる」という本部からの代替案で解決する場合もあります。引き続きFC契約を維持していくということが、加盟店側の基本方針である場合は、そうした新たな案に添ってみる、実利をかちとる柔軟姿勢も選択の一つだと思います。約束事の完璧・完全実行にこだわるばかりがベストとは限らないでしょう。

解決事例のなかには、私の側から、本部に、加盟店も受け入れることができる新たな施策案はないのか、と迫ったことがあります。本部としては前例がないことでも、紛争の拡大・長期化を回避するために、「智恵も血も出す」決断をする場合があります。

約束不履行で「見切り」をつけることが適切な場合も

かなりの努力を続けても、一向に解決できない場合もあります。契約前の約束が、全くの「虚偽」であり、その不履行により今後の経営維持を事実上不可能となるような問題である場合は、「契約解除」も覚悟で徹底的に責任を追及することになります。いわば、欺瞞的勧誘行為ですから、法的な断罪を目標にたたかうことになります。

この断固とした強い姿勢を示す行為として、まず、本人から代表取締役宛てに、「重大な約束不履行は、欺瞞的勧誘であり、○年○月○日をもって契約を解除する」という通知を文書でおこないます。配達証明郵便でも、普通郵便でもよいでしょう。

本部側の、この文書を受け取ってからの対応によって、それにふさわしい対応をします。例えば、本部の姿勢が変化し、「話し合いたい」と言ってきた場合は、応じてもよいかと思います。しかし、この段階に至るということは、かなり「悪質」な面のある本部ということですから、加盟店オーナーだけでなく、弁護士その他第三者も同席した話し合いにした方が適切かと思います。この場合の第三者とは、弁護士はもちろんですが、加盟店協会とか民商が考えられます。意外に効果的なのは、加盟店オーナーの父母、祖父母の同席です。FC本部役員は若い人が多く、「長老」に暴言は吐けないものです。

弁護士を立てると相手（本部）も弁護士を立ててくるのが普通です。ここから先の展開は、話し合いによる契約解除と司法の場で争っての契約解除に大きく分かれます。

コンビニなどの場合、「店舗を他の地に変える」ことで急転して解決という例もあります。しかし、信頼関係が土台から崩壊している場合は、「契約解除」になるでしょう。

「契約解除」それ自体は確実に実現します。問題は、受けた被害・損害賠償です。加盟店にとって、もっとも負担が軽い、そして損害額を軽減させる「契約解除」のすすめ方は、別途、テーマを設けて述べることにします。

契約前の「約束」に関しての教訓

最後に、簡単に教訓を整理してみます。第一に、「約束事」を文書にする、記録に残すことです。いろいろ経験を積んでいる人は慎重でぬかりなく、契約書とは別に「覚書」を交わしています。しかし、すべての人がこのようにできるものではありません。FCを開始する決意をした瞬間は本部を「信じている」からです。

形式が整った「覚書」のようなものでなくても、気がついたら即座に「メモ」でもよいので、とにかく「何を約束したか」「誰が、いつ言ったか」が判読できる記録を残すことです。こうして、「言った」「言わない」の水掛け論をしなくてもよいようにすることが何よりも重要です。

実行されないことを督促する時期は多くは事業を開始して間もなくかと思います。一カ月後、二カ月後でも、「メモ」を書かせることです。それを嫌がる本部社員であれば、その段階で、もはや信用できない本部だという判断ができます。

第二に、問題をあいまいにさせないことの意義をつかんで追及をあきらめないことです。実行できる確実な保障がないにもかかわらず、契約前に「約束」するのは、「加盟店を増やす」という「量的拡大路線」第一のFC本部の体質を示しています。これは、被害者を産む源です。「約束事」を実行させるよう要求しぬくことは、FCビジネスの歪みを正し、今後、被害者を増大させないようにしていく意義があります。

個人的な利害得失だけの問題でないことをつかんで追及しましょう。

6

「同じ本部（同じ看板の店）が近隣に集中出店する」問題──ドミナント方式

Q 自分の店から一〇〇メートルしか離れていない場所に本部が新しい店を作りました。その後五〇〇メートル先にも出店。売り上げは二割、三割と減り続けました。本部は「どこに出店するかは本部の自由だ」と言います。あっという間に商圏内に同じ看板の店が四店舗もできました。経営が順調だったのは過去の夢。予想もしなかった閉店を考えなくてはならなくなりました。こんな本部の身勝手をやめさせることはできないですか

「ドミナント方式」とよばれる、特定地域に数店舗を集中的に出店するやり方は、大手コンビニ本部の基本戦略のひとつです。この「ドミナント」に襲われ、その地域の一号店で、「繁盛店」だった店が閉店に追い込まれるという事態は今も各地で繰り返されています。「いつ、

近所に本部が店を出してくるか」、すべての既存店はこの「ドミナント地獄」への不安をもち続けているのが実態で、極めて大きな問題です。

あるローソンの加盟店オーナーは言います。「ファミリーマートとか、ローソン以外の店が新たに出てくるというなら、まだ対抗できる。しかし、同じローソンではどうしようもない」と。同様に、セブン-イレブンのオーナーも「同じセブン-イレブンだから対応策は非常に難しい」と怒りを込めます。

一般の住民・消費者からも、「セブン-イレブンの隣にセブン-イレブンがある。オーナーが同じならまだしも、別だという。どうしてこんなことをするのか」と疑問の声が上がっています。

コンビニだけの問題ではありません。飲食関係、その他各種サービス業でも、多くの「フランチャイズ（FC）契約書」では、テリトリー権（当該地域での営業を占有できる権利）を保障していません。逆に、FC本部が、営業中の自己の加盟店の近隣に直営店・FC店を自由に出店することができることを明記しています。

地域の人々とのつながりから早く情報をつかむ

本部の出店計画情報をどれだけ早くキャッチするか、が一つのポイントです。本部が出店計画の調査も終わり、検討をして役員会でも決定したものを撤回させることは容易ではありません。

また、多くの事例では、本部は近隣に新しい店を出す計画を既存店に明らかにしません。この点も大きな問題ですが、それが残念ながら実際です。従って、日常的に「自分の店は自分で守る」立場に立って、本部が「実は……」と説明をする以前に、独自の努力で情報をつかむことが求められます。常連客はもとより、商店会や住民自治会、老人会やＰＴＡ、地域の金融機関や、個々の商店と親しくつきあいをして、まちの「話題」に触れることができるような関係を築いておくことが大事です。空き店舗ができる前などは、特に要注意です。

不動産屋さん、酒屋さん、理美容店、いわゆる「飲み屋」さん（まちの酒場）などは、こうした「情報」を不思議なくらいに早くキャッチしています。コンビニは、地域のあらゆる業種の店にとって「敵」のような存在ですから難しいのですが、だからこそ、地域の人々と絶縁関係にならない、日常的な独自の努力が大切になります。

このようなつながりのなかから、「あそこにコンビニが出るそうだ」という情報をつかむことができます。この段階で、本部に折衝を開始します。

真剣に本部と交渉を重ねる

現瞬間では、法律によって「ドミナント（集中出店）」を有効に規制できる状況にはありません。

また、ＦＣ契約は、「ドミナント」ができることを明記しています。法律や契約書に頼れない、ということを覚悟した上での本部交渉です。

対策1　複数店経営の道

加盟店の側に資金その他で「力量」がある場合は、新規出店も自らがオーナーとなることも対策の一つです。複数店経営者になるということです。

本部の側から、「もう一店、店をもちませんか」と複数店舗オーナーになることをすすめて、本部の店舗数拡大路線を追求する方式も完全になくなったわけではありません。

コンビニではありませんが、ある本部では、一人のオーナーが三店舗経営する「ドミナント方式」を基本方針にしています。他本部や他者に市場を奪われないようにする狙いです。

複数店経営には、成功例もあれば失敗例もあります。あまり距離が離れていない範囲の二店舗で、管理・監督も比較的行き届き、うまくいっている例もあります。一方、本部に勧められるままに、広範囲に五店舗以上となり、採算がとれない店舗も抱えることになり、不採算店の損失が採算店の利益を帳消しにしてしまう、という失敗例もあります。一つひとつ、慎重な検討が大事です。

対策2　一方的出店への歯止め

まだ新規出店が本決まりではなく、調査もしていない段階の場合は、「既存の競合する加盟店の意向を無視した一方的な出店は強行せず、事前の協議をおこなうこと」を確認しあう「覚書」などを交わすことを求めます。簡単にこの要求に本部が応じるとは言えませんが、強く要請しておくことで、「あの地域への新規出店には強い抵抗がある」と本部に認識させておく効果があります。

対策3　影響への補てん

近隣への出店計画があり、調査（当該地域への出店で採算が成り立つかどうかの調査）をおこなっている段階の場合は、新規出店による売上減などの影響への補てんを要求します。

本部は、「複数店あることで集客力が高まり、相乗効果が期待できる」などと、「ドミナント方式」が既存店にもプラスになるのだ、などと説明します。とんでもないことです。ほぼ確実に売上は二割は減少します。強い抗議的要請によって、本部はしぶしぶ一定期間の補てんには応じる例があります。「一定期間の補てん」とは、六カ月間とか一年間とか、期間を決めて、減少した売上金額を補てんするとか、販売促進費を支援する、などのやり方です。

対策4　店舗の移転

影響が極めて大きく、本部の補てんでは償い切れない場合、店舗の移転も対応策のひとつになります。
しかし、現実には「繁盛店」の空きがタイミングよくあるわけがなく、実際には難しい対策です。

対策5　店舗を本部へ譲渡（事実上の契約解除・閉鎖）

最後の手段は、本部に買い上げさせるという方法です。このような事例はあります。結果的には、本部の「ドミナント方式」によって店はつぶされたということになり、加盟店の本当の要求ではないのですが、本部は何も「救済」の手を打たない、という場合との比較では、ある程度の「手」を打たせたということではあります。

「ドミナント方式」の矛盾

一定地域に集中的に出店するやり方の本部側のメリットは、売上・利益の増大です。例えば、人口三五〇〇人の地域に一店舗の場合、月間売上が一八〇〇万円だったとします。二店舗にすることで二店舗合計の売り上げを二四〇〇万円に伸ばすことができたとします。この場合、一店舗時期の加盟店Aは、一日の売上が六〇万円で採算がとれていました。しかし、二店舗目ができたためにA加盟店は一日の売上が四〇万円に減少、採算がとれない事態になったのです。二店舗目の加盟店Bも一日の売上が四〇万円で、採算がとれる店ではありません。しかし、本部から見ると、同じ地域での売上額が六〇〇〇万円も増えたことになります。こういう例が多いのです。

しかも、本部側は、商品の配送効率も高まり、社員の加盟店の管理・指導のための訪問、巡回の効率性も高まることになります。本部側のメリットばかりです。

しかし、既存店が本部への不信と不満をもちながら耐えて継続している間は、本部はメリットを享受できるのですが、赤字経営の継続はいつかは破綻します。その限界に達した時点で、閉店する店が出てくることが避けられません。

本部の戦略として、当該地域でシェアを確保・増大させる目標も、結局は未達成に終わることになります。全国トータルで、新規出席が増大する一方で閉鎖店舗数も増大するという結果になります。大型スーパーなどのスクラップ・アンド・ビルド方式は、すべて「直営」です。また、経営不振だから撤退するのですが、FCビジネスでの「ドミナント」は、繁盛店のすぐ近くに競合店を出店し、繁盛店の売上を減少させ、閉店に追い込むという残酷なやり方です。閉店に追い込まれる店は他事業者です。他事業者の犠牲を強制しながらの店舗数拡大路線です。この矛盾・不公正は、必ず正常な事業取引を求める運動などによって解決されるべきものです。

「あきらめ」ず「泣き寝入り」せず

「ドミナント方式」によって生活が維持できなくなり、生活が破壊されたという例は多発しています。何の補償もないというのは許し難いことです。あらゆる力を動員して本部に補償を要求していくことが重要です。ところが、実際には、当会の存在も知らず、本部の強い姿勢にあきらめ、泣き寝入りという結末の例もあることが分かってきました。この際、泣き寝入りしないことをすべての加盟店オーナーによびかけます。

「ドミナント方式」は独占禁止法違反

根本的な解決のために、「ドミナント方式」は優越的地位の濫用行為であり、独占禁止法違反であるという立場に立った運動の強化が重要だと考えます。

最近、ある大手本部は、「五〇〇メートル以内の新規出店はしない」ことを決めたと聞きます。たしかに前進ではありますが、地方都市、町村などでは、二キロメートル離れていても大きな影響を受けます。車客中心の立地条件の店も多くなっている現実があります。この程度の改善策では問題の解決になりません。経済的に優位に立つ者がその優越的な地位を利用して、不利益を強制する行為は、不公正な取引方法であり、独占禁止法違反にあたると考えます。

最近、公正取引委員会は独禁法行政の重点を「優越的地位の濫用行為の摘発」に移行しつつある感があります。既存加盟店の経営基盤を根底から突き崩す「ドミナント方式」の撤廃へ、加盟店の運動強化、各政党などへ協力への努力を強めたいと考えます。

7 「本部が契約の更新を一方的に拒否する」問題

Q あと五カ月で一〇年間の契約期間が満了になります。投下資本はまだ回収していないし、子どもの教育費などこれから金がかかります。引き続きこの仕事を続けたいので、契約を更新したいと言っています。しかし、本部は「更新する考えはない」と言います。理由を聞いても答えません。特にトラブルも、契約違反行為もしていないのに納得できません。こんな一方的なことが許されるのでしょうか。どうすれば契約更新できるでしょうか

契約更新をめぐる問題もフランチャイズビジネスでは大きな問題の一つで、最近、増大傾向にあります。

確かに、「契約とは双方の合意で成り立つ」のが原則ですから、一方が「不同意」であれば

契約は成立しないことになります。また、もともと「契約期間は一〇年」という約束で出発したのですから、一〇年間で終了ということを、格別に「違法・不当」と主張するのは道理がない、という見方もあります。

逆に、加盟店の側が「契約期間が終了したのだから、円満にやめたい」と言っているのに、本部がなかなかやめさせてくれない、という相談もあります。私たちは、「契約書」だけをたよるのではなく、それぞれの実態に則して問題解決に努力しています。

誠意ある交渉で契約更新

過去の実績と今後への決意などを示して話し合い、あっけないくらい簡単に契約更新になった事例があります。なぜ本部が「更新しない」と言っていたのか、よく分からないままの一転解決です。このような事例もありますから、まず、あきらめないで、誠意を示し、道理を尽くした交渉を実行することが大切です。本部の社印も捺印された公式書面での「契約終了通知書」が届いてはいない段階では、更新要求が実現する可能性もあります。

たとえ本部の幹部であっても口頭での通知段階では、それが撤回される、ということはあります。基本的にFC本部は加盟店数を減らしたくないわけですから、あまり簡単に「契約更新は難しい」と考えないことです。そして、売上の良い店の場合、オーナーを変更すればもっと売上を伸ばせる、という判断もして、更新しないという場合もあるのです。

許せないことですが、そうであっても、誠意と道理ある主張をすることで、本部も加盟店の意向に応じざるを得ない、という場合もあるということです。

短期間の「継続」

通常の「契約更新」であれば、さらに「一〇年間」ということですが、それにはなかなか応じないが「一年間継続して様子を見る」ということで、とりあえず今の事業を続けられるという「決着」もあります。売上も芳しくなく、本部とのトラブルも少なからずある、という場合に、比較的よくあるケースです。加盟店側が他に仕事をしているわけでもなく、契約が切れれば即失職というような場合は、こういう決着でも次善の道と考えざるを得ません。

実際には、この「短期継続」を繰り返すことで、結局、契約更新と同様の期間、事業を続けることができたという例も少なくありません。また、一年後、本部の方針も変化して、正式に「更新」になったという事例もあります。

裁判等で争う

契約が切れる直前まで、本部社員も「更新は当然」と明言を繰り返していたのに、三カ月前になって突然、「更新する意志が無い」と文書で通知してきたというケースもありました。また、更新についての正式な協議を一切おこなうことなく、「更新しない」と通知してくる例もありました。

加盟店側は、更新を前提としており、次の別の仕事の準備もしていないわけで、突如、生計の道を奪われることになりました。こういう場合、「絶対納得できない。泣き寝入りはしない」と、「更新拒絶は不当」として、「加盟店オーナーの地位の回復を請求する」裁判に踏み切った例もあります。裁判のなかで、本部は「契約更新しない理由」をあれこれ述べますが、そのすべてに根拠がないことを実証し、裁判を優勢に進めるなかで、「和解」という決着になった例があります。実態はすでに当該店舗は撤去されていることが多く、加盟店オーナーに復帰することはできません。「和解」とは、本部が一定の金銭を加盟店に支払うというものです。

最近の事例では、加盟店も納得する金額で和解が成立しています（もちろん、守秘義務がついており、金額の公表はありません）。

提訴せず、弁護士を立てて交渉する例もあります。しかし、このような場合は、「契約更新」という要求が実らなかった場合のことです。一定の金銭を本部に出させるという決着です。

本部側からすれば、「ちょっと高くついたが更新しない方針は通った」ことになります。加盟店側は、別本部と新たにＦＣ契約を結ぶか、全く別の道を選択することになります。「争う」

段階では多くの場合、本部と加盟店の信頼関係が崩れていることから、「この本部に未練はない」と決断する加盟店オーナーが多いのが実情です。従って、私たちは裁判で争う道も事態解決の一つの方途だと位置づけてはいます。

更新拒否の原因と本質問題

多くのＦＣ契約は、契約期間が五年以上となっており、契約期間満了後も更新する「長期継続取引」を前提にしています。契約期間が三年という短期の場合、「どちらかが特に申し出ない場合は自動更新」と決めている例も少なくありません。それというのも、ＦＣ事業開始に要する資金が数百万円から数千万円という場合が多く、契約期間内に投下資本が回収できない見通しのものが多いものです。また、開始時の加盟店の年齢も、多くは三〇歳〜四〇歳台で、この仕事で残る人生を生きていくのだ、という構えで契約する場合がほとんどです。

大手コンビニなどでは、更新することで「ロイヤルティー」が下がり、より加盟店側の利益が増えるという契約書になっています。その将来を楽しみにして、過酷な日々も耐えるというのが実際です。また、更新期が近づくと、「無事更新されるように」、対本部への言動にも気配り、気遣いをする加盟店も少なくありません。

従って、本部の恣意的判断で一方的に「更新拒否」されることとは、人生設計を破壊させるものにほかなりません。本部が裁量権を握り、本部支配の道具にしている面があることは大きな問題です。理由を明らかにしないために推測せざるを得ないのですが、どう考えても「株主総会で本部に注文をつける発言をした」ことが理由としか考えられない「更新拒否」の例もありました。

現在のところでは、経済産業省は「契約期間満了での更新拒否の場合、拒否する理由を明らかにしなければならない、とするのは難しい」という見解です。

契約期間が明記されたＦＣ契約のもとで、加盟店の「営業権」を保障させる法的整備が必要でしょう。そういう、根本的解決の道を追求しながら、現実的な対応として、何が可能か、二点ほどあげておきます。

契約満了前の早目の対策

本部が「更新について話し合いたい」と言ってきた場合は、重視して話し合いの場をもつことが当然大事でしょう。また、本部からの提起を待つのではなく、こちらから積極的に更新の意思があることを伝え、できれば早期に正式な更新の協議を開始し、「更新」を早目に「確定」させるように努力することが重要だと思います。

本部によっては、そのようなことができない内規などを定めている場合もありますが、状況によっては、可能性もあると考えて、攻勢的に提起していくべきではないかと考えます。

代理人（弁護士）による折衝

まだ、あまり前例がありませんが、初めから代理人（弁護士）を立てて、交渉を進める方法を検討している加盟店もあります。

契約期間中の、本部とのトラブルその他があって、すんなりと更新に至らない可能性が大きいと判断される場合には、この方法が有効かとも思われます。

プロ野球の世界で、アメリカでは必ず代理人が球団と交渉します。日本では、まだ、定着していませんが、検討の価値ある対応方法と言えるのではないでしょうか。

8 「本部が商品などの仕入れ先を強制する」問題

Q

フランチャイズ契約書では、本部が指定するところ以外からの仕入れを禁じています。しかし、本部が指定するところ以外から独自に仕入れると、安く仕入れることができます。利益を上げるためにそうしたいのです。契約違反はわかっていますが、絶対にやってはいけないことでしょうか。また、仕入先制限をやめさせるためにはどうすればいいでしょうか。その展望はあるのでしょうか

コンビニその他の小売、飲食関係やサービス業などほとんどの「ＦＣ契約」では、商品、原材料の仕入れ先を本部が指定または推奨し、独自に仕入れる場合は本部の承認を得なければならない、という条項を設けています。

より良い商品（材料等を含む）をより安く仕入れ、お客さんにより安価で提供することで、顧客満足度を高め、売上・利益を向上させようとするのは、事業経営者として当然の経営努力です。この前向きの努力を否定することは許されないことです。

その意味で「行き過ぎた仕入れ制限」は違法・不当と言わなければなりません。

二つの解決事例

二つの解決事例を紹介します。

過度なペナルティー付「仕入れ制限」は独禁法違反

ある健康食品本部は、本部以外のところからの仕入れについて、一商品につき一〇〇万円とか、一〇万円とかの罰則金を課して、本部からの仕入れを強制していました。しかし、本部からしか仕入れることができないプライベート商品は、店で扱う商品全体の一五％にしか過ぎません。多くは他からも仕入れることが可能な商品で、しかも他者からの方がはるかに安く仕入れられるという実態にありました。

私が、公正取引委員会に「独禁法違反」の申し立てをしました。公取委の調査の結果、「独禁法違反につながるおそれがある」と本部を指導し、本部はこれに従い、大幅に他者からの仕入れを認めることになったという例があります。

この例のように、①商品が他者からの仕入れが容易な汎用品かどうか、②過度な罰則金条項を設けていないか、などによって他者仕入れを認めさせることができます。

「承認」されないが「黙認」させる

あるコンビニ店で、本部推奨の「豆腐」でなく、地元の豆腐屋さんが作る豆腐を仕入れることにしました。地元の豆腐屋さんの組合とも話し合って、昔ながらの「手作り豆腐」を仕入れることにしたのです。ＦＣ契約書どおりに文書で本部に対してこの仕入れを認めるよう要請しました。しかし、本部は認めませんでした。

加盟店は、地元組合と話し合ってきた経過もあり、本部が認めないなかで、独自仕入れを強行しました。この「手作り豆腐」はお客さんに好評で、毎日、売れ残りなく完売、店の人気商品になりました。一定額のロイヤルティーは本部に納金しました。

ある日、本部の副社長が来店しました。豆腐売り場を指さして「本部は認めていませんよ」と言いましたが、それ以上のことはしませんでした。こうして、「承認」はされないまま、「黙認」状態で地元産の豆腐を売り続けることができています。

フランチャイズ本部は、他の加盟店との関係もあって、「承認」という決済をなかなか出しません。しかし、この例のように「黙認」するということはあります。実態的には、「黙認」という体裁をとった「承認」があるということです。多くは「承認」でなく「黙認」です。

従って、この問題に限らず、本部との交渉などで、「黙認」になれば成功ということができます。

独自商品の仕入れ容認の流れ広がったコンビニ業界

コンビニ業界では特に様変わりの様相で、その地域に合った商品を独自に仕入れることをかなり大幅に認める、または黙認する傾向にあります。

それは、激しい競争がすすむなかで、「どこでも同じ」という店では顧客増が望めなくなりました。「差別化」「地域差」「個店の魅力」を押し出すことによって競争に勝ち残ることができる、という経営環境の変化への対応があげられます。

「全国画一」「チェーンの統一制」という基軸がなくなったわけではありませんが、地域、立地条件にふさわしい商品構成にしてこそ、消費者のニーズにこたえられるのだという認識に「変化」した面があると言えます。この点は、私たちが会結成以来、主張してきたことです。

鳥取県と山形県で、「お正月」によく売れる商品は同じか？　住宅地とビジネス街で人気商品は同じか？　その立地にふさわしい商品構成にすることは「商売の常識」ではないのか、「チェーンの統一制」が第一で、顧客ニーズを最優先しないのは間違っている、そのためには、仕入先を「完全に規制」する制度・方針を大きく改めるべきだ、という主張を続けてきました。最近、ようやく本部方針も変化してきました。また、地域社会、地域経済活性化への貢献も求められるようになり、地方自治体との「協定」を結び、その地域の特産物を取り入れるなどの動きはますます広がっています。この「変化の流れ」もあって、各個店の独自の商品仕入れを、容認・黙認する例が珍しくありません。また、「消耗品」と言われる「レジ袋」「ごみ袋」「箸」「ストロー」なども本部以外から購入することもかなり自由になっています。

加盟店の立場からは、自分の店の個性の魅力をどう発揮していくのか、そのために、消費者ニーズにこたえつつ利益率も考え、何を、どこから仕入れるのか、という「店づくり」への努力をいっそう強めることが大事になっています。本部の提案・方針を無批判的に実行しているだけでは消費者の強い支持を得ることができない、「厳しさ」を自覚する経営者になることが求められている時代ではないでしょうか。こういう角度から、「過度な仕入先制限」は、時代遅れの「契約書条項」だと言うべきでしょう。

契約解除になる例も

しかし、すべてがこのような傾向にあるとは言えません。特に、飲食関係のなかには、断固として他者仕入れを認めない本部も多数あります。「食の安全」という面から、本部の商品検査をクリアしたもの以外は認めないという方針です。これはこれで道理があります。また、産地を偽る販売は、企業の存続にもかかわるわけで、定期的に各店をチェックしている本部もあります。

仕入れを安くしたい、という加盟店の思いは当然とは言え、食品関係などでは、安全性などにも充分な検討をしておこなわなければ、消費者の信頼を失い、重大な結果を招くことになります。従って、加盟店側の「一方的」な仕入先変更は、避けるべき面もあります。

加盟店の経営権の確立という基本の追求

ＦＣ契約に縛られない普通の商店経営では、何を、どこから、いくらで、どれだけの量を仕入れるかの決定権は当然、個々の経営者にあります。ＦＣ加盟店は、この最も基本的な経営権が大きく奪われています。

私たちは、学者・研究者、全国商工団体連合会とともに「フランチャイズチェーン研究センター」を立ち上げ、広い視野で諸問題を討論・研究しています。そして、二〇〇五年三月、「フランチャイズ加盟店の権利宣言（案）」を発表しています。そこでは、フランチャイズ契約による一定の制限を認めた上で、過度な制限はかえってフランチャイズビジネスの発展を阻害するとして、事業経営者としての基本的な権利の保障を提言しています。

商品（原材料を含む）の「仕入先の制限」への、今日的なあり方を検討・追求することが重要です。

セブン‐イレブンの「見切り販売制限」行為が、独占禁止法違反であるという公取委の判断が示されました。「本部の強権的支配」を、加盟店の運動の力で変えることができるという確信をつかむことができました。この点こそ、今日のフランチャイズをめぐる情勢の最大の特徴ではないかと考えます。行き過ぎた「仕入先制限」問題も、本部との「対立」前面というスタンスでなく、共存・共栄への「協働の事業」として前向きの話合いを通じて改善・改革を追求していきたいと考えます。

このほど、セブン‐イレブンの社長は「本部と加盟店の関係は対等である」と明言しました。実態とかけ離れた発言だと批判することを中心にしないで、「対等の関係実現への実行を求めていく」という姿勢でこの問題の解決をめざしたいと思います。

9 営業時間は加盟店が決められないか

Q コンビニ店経営を始めて二〇年になります。「二四時間営業補助」もあるからと最初から二四時間営業にしました。しかし、近くのスーパーも夜一二時までの営業になり、深夜の客は減少傾向で、完全に赤字です。子どもが小学生になりましたが親子の対話の時間が少なく、この面も不安です。自分の身体も何かと調子の悪い日が増えました。あと一〇年はこの仕事を続けたいし、それ以外に考えられません。そう考えたとき、二四時間営業を続けられるのか、二四時間営業でなければならないのか、と疑問や不安が高い今です。二四時間営業をやめることはできないのでしょうか

コンビニの二四時間営業の始まりは、セブン‐イレブンが、一九七五年六月にスタートさせ

たという説があります。フランチャイズに関する法律がないことも関係して、正確なデータが整っていませんから、この説が正しいかどうかは疑問もあります。

コンビニの「年中無休・二四時間営業」は初期の段階では衝撃的でした。「二四時間テレビ」など社会全体が「二四時間型」になっていく過程とともにコンビニの二四時間営業が主流になりました。そして今、地球環境問題を含め、二四時間営業の問題点が表面化し、こうした社会のあり方の「見直し」の機運が生まれています。

実情では、依然として二四時間営業が主流ですが、二四時間営業ではないコンビニが増加しています。加盟店オーナーが本部と粘り強く折衝して営業時間の変更を実現させたケースもあります。また、出店地域が多様化し、学校内コンビニや、郵便局内コンビニが登場し、そうしたコンビニ店は二四時間営業ではありません。大手コンビニ本部の内部にも「二四時間営業を原則にしなければならないわけでもない」という意見もあります。

京都市が「市民会議」を立ち上げ、広い視野から地球環境を守るための施策を検討、そのなかの一つに「コンビニの二四時間営業規制」も検討対象としたことなど、地方自治体による「規制」が話題になりました。一時期に比べてマスコミはこの問題をとりあげなくなりましたが、「終わった問題」ではありません。

私たちは加盟店の立場に立って、二四時間営業問題を引き続き重要な問題にしています。

交渉して「二四時間営業」でないコンビニ店を実現させた事例

ある大手の加盟店は、日販額も低く、本部にとっても「一定の支援を必要とする店」でした。販売促進費、廃棄の一定額本部負担などの「支援」もありましたが、事態は変わりませんでした。立地条件から深夜の客は極端に少なく、深夜の売上と人件費、水道光熱費などの経費を示して、「営業時間を午前六時から午後一二時」としたいと、繰り返し要求していました。しかし、本部は頑固にその要求を拒否していました。

一年以上も同様の状況を続けた後、たまりかねて本部に「〇月〇日をもって二四時間営業をやめて午前六時開店、午前〇時閉店にします」という通告をしました。本部現地支社は契約違反だと、「強制的に契約を解除する」動きをみせましたが、本部（東京）は「強制執行は待て」と指示、同時に当会に相談がありました。

協議して「穏便な解決へ努力する」ことで合意。しばらく、双方が「実行保留」した後、二カ月後に、二四時間ではない営業時間でおこなうことが実現しました。

ある女性オーナーの場合。契約前から「二四時間営業はできない」と主張しました。しかし、「それでは契約できない」と言われ、しぶしぶ二四時間営業でスタートしました。

経営不振が続き、経費削減策として、「午前〇時閉店」で合意が実現しました。このケースでは、オーナーが女性であったことで、さすがに本部も「オーナーが深夜店に入れ」とは言えなかったという面があります。

「二四時間営業をやめる」という立場で

大事なことは、「二四時間営業をやめる」という、事業経営主としての意思を確立することではないでしょうか。本部に「認めてもらえればやめる」という姿勢では実現しないと思います。フランチャイズ契約のもとであっても、自らの事業であり、自らの店の経営の存続と向上に責任をもっているのであり、また、その責任をまっとうするための権利も加盟店主にあるのです。加盟店の経営権を確立することでこそ、フランチャイズビジネスは「対等で公正」なビジネスに向かうことができます。本部に「お伺い」すれば、「二四時間営業でなくてもよい」という回答は返ってこないでしょう。

店全体の経営状況、深夜の客数、客単価、売上、商品廃棄の実情、人件費、光熱費などの実態と、オーナーの健康状態、家族状況などを繰り返し示して、「これ以上、二四時間営業を継続する考えはない」という意思を明確に本部に伝えることです。同時に、フランチャイズ契約に違反する行為をひろげる「悪意」もなく、今の仕事を続けていきたい気持ちが強いことも伝えます。

本部の出方に応じた対応に関して

いま、コンビニ業界には新しい「風」が吹き始めています。コンビニ業界が、社会的要請に応えて発展していく上で、「加盟店とのより良い関係をつくっていく」ことが鍵であるという認識が強まっており、少なくとも社会に向かっては、そういう考えを表明せざるを得ない状況にあります。従って、誠実に、事実にもとづいて本部と話し合うことで、加盟店の意志、希望、提案を受け入れる事例が過去にはなかった規模で増えています。加盟店にとって「追い風のとき」です。即座に簡単にはいかないにしても、本部が営業時間の変更を認める、あるいは黙認する可能性があります。

しかし、断固として本部が認めない場合も有り得ます。こうした場合も短気を起こさず、「けんか別れ」を前提にしないで冷静に対応したいものです。基本要求がコンビニ店経営を続けるということですから、どうしたら二四時間営業を続けながら、その弊害、障害が取り除かれるのか、軽減されるのかを考えてみるべきではないでしょうか。

深夜営業が赤字であることが店の経営悪化の大きな要因であり、深夜赤字の解消、軽減策として手を打つことがないのかという検討です。

深夜分のデイリー商品の仕入れ量は適切かどうか、また、「見切り販売」で廃棄を減らせないかなどの検討があります。深夜にオーナーが入ることがオーナーの健康状態で無理だとした場合、本部負担で支援する道がないのか、という検討です。深夜の一人分の人件費は本部が負担している例もあります。

深夜営業対策強化のためと、オーナーの健康回復という「人道上」の措置を含めて、一定期間、深夜は本部負担で本部から人を派遣して続けるという方策を要求します。

このように、あれこれの方策を提案しても、すべて本部が否定した場合は、最後の手段として、事前に「○月○日から、○時開店、○時閉店とします」という通告をして、実行に移します。

国民世論が問題解決のカギ

コンビニは今や社会インフラとなっており、コンビニを利用する国民は今後も増える可能性が大きいと思われます。商品の販売だけでなく、公共料金の支払い窓口、金融機関や郵便、飛行機の切符やホテル予約、宅配便やメール便など各種サービスを拡大しており、しかも年中無休で二四時間営業です。国民から見れば「利便性では最高」でしょう。

しかし、その影で加盟店が耐え難い苦しみに悩んでいるという実態があります。この実態が少しは理解され始めましたが、「二四時間営業して欲しい」という消費者要求はかなり高い率であるのも現実です。地球環境を守るという角度からは、二四時間営業規制に肯定的な声もありますが、「コンビニは二四時間がいい」という声になってしまうのです。法律・条例での規制についても賛否両論です。

私たちは、この問題での見解をまとめています。営業時間の決定権は加盟店にある、という立場が基本です。

一方、本部の側も、「法的な規制には反対だが、広く国民が二四時間営業でない方が良いという事態になれば、二四時間営業ではない新しいシステムを開発する」という考えを表明する向きもあります。

また、コンビニ以外の業種でも二四時間営業あるいは、長時間営業を新たに模索する本部もあります。この問題は、あるべきルールをつくりあげる大事な問題の一つです。個別対応での解決だけにしないで、ひろく国民とともに議論していきたいと考えています。

10

ＦＣ本部から離脱し独立して今の事業を続けることはできるか

Q

洋食系のフランチャイズ本部と契約して、七年になります。しかし、本部にはこれと言ったノウハウもないし、名の通った本部ではないので、看板にもあまりお客を惹きつける魅力もないと思います。本部からの日常的な「経営指導」もなく、メニューも代わり映えしません。それにもかかわらず、ロイヤルティー（本部への納付金）は売上の一〇％です。ＦＣ契約を解除して、独立した店としてやっていきたいと考えるようになりました。そういうことはできるのでしょうか

和洋食関係や宅配弁当など、飲食関係を始めとして最近、増大傾向にある問題です。ご承知のように、圧倒的多数のＦＣ契約では、中途解約にせよ、契約期間満了にせよ、ＦＣ契約解約・

終了後も、「一定期間は、類似または同種の事業を営むことを禁止」とする条項を設けています。「競業禁止」条項です。「一定期間」とは、短くて二年間、長い例では一〇年間という例もあります。禁止対象についても、元オーナーだけでなく、その配偶者、親、子息、従業員などかなり広範囲を禁止対象にしている例もあります。

私たちは早くから、「憲法に定める職業選択の自由」を侵すものであり、不当条項であり、ＦＣ契約に定めるべきではない、と主張しています。学者のなかにも、「競業」とは、「類似または同種のフランチャイズ本部を起業することは競業にあたるが、それ以外は競業にあたらない」という説を主張される方もあります。

また、ノウハウを守るというなら、他にノウハウの流出を防ぐ方法はある、という考え方をしています。

コンビニ業界では、例えば、セブン‐イレブンの加盟店オーナーに対して、ローソンの開発担当社員が、「もう一店、ローソンの店をやりませんか」という働きかけをする例もあるなど、事実上、「競業禁止条項」を自ら形骸化させている状況もあります。

しかし、多くの本部は「競業禁止条項違反」だとして、直ちに止めるよう、通告や催告をしてきますし、営業停止の仮処分申請や損害賠償の請求など、司法的措置をとってくる例も少なくありません。

法廷闘争辞さずの強い覚悟をする

ある学習塾で、ＦＣ契約を解除した後、同じ場所で独自に学習塾をやることにしましたが、本部は何も言ってきませんでした。こういう事例もあります。

しかし、このような例は極めてまれで、異例だと見るべきです。必ず本部は直ちに中止するよう要求してきます。あるいは、さまざまな嫌がらせ行為もしてきます。

「警告書」「催告書」「通知書」と銘打った内容証明郵便が相次いで送られてきたり、電話、訪問も繰り返される例がむしろ普通だという覚悟をした方がよいと思います。

従って、独自に類似または同種の事業を続ける場合は、「紛争になっても意思を変えず、断固としてやりぬく」という強い決意、覚悟が求められます。「どうせ本部は何も言ってこないだろう」という見通しは甘いと思います。

私は、この問題で相談を受けた時、まず、「本当に貫く意思があるか」という意思確認を一番重視します。裁判を含む、長期のたたかいになる例もあり、裁判でも敗北の例も少なくないからです。

しかし、着目すべき点があります。それは「競業禁止」に「期間」があることです。永久に類似または同種の事業を営むことができないわけではないのです。

固い決意を土台に調和のとれた「反論とガマン」で解決の例も

本部の譲歩を引き出し、あるいは本部に断念させる基本は断固とした決意、姿勢にあるのですが、実践的には「穏やか姿勢で対応」して解決した例があります。

速やかに円満に解決したいという考え方を表面に押し出して、こちらの「正論」（本部は正論と認めていないわけで、主観的な「正論」）だけを主張することはしないようにします。「自分は正しく、間違っているのは本部」という主張だけでは必ず長期紛争に発展するものです。

冷静に、本部の事業に損害を与える意思は毛頭ないこと、実際の事業でも商品やサービスの内容も同種・類似の部分は少なくしていること、直営店やＦＣ加盟店の商圏から距離をおいていることなど、具体的事実を示します。あるいは本部の執拗ないやがらせなどに、「我慢」もします。あれこれの本部の「手段」一つひとつに、反論・反撃を「丁寧」にするのではなく、「無視」します。こうして、比較的短期間（三カ月）で本部も事実上黙認した事例があります。

振り返れば「良かった」ということですが、その渦中は大変な忍耐を要する、ある意味「高度なたたかい」と言えるかもしれません。極端な日は朝、昼、夜、オーナーから電話があり、怒りと不安を告げられ、「どうするか」相談されました。その都度、「あなたの行為に道理がある」ことを確認し、激励し、その上で私は、「ほっときましょう」と回答しました。そういう「回答」

が一番多かったのが実際です。その時は、そのオーナーは私の回答にご不満だったと思います。

全く違った解決事例では、いわゆる「裏ワザ」的な手法で紛争に至らずに済んだという事例があります。文字通り「裏ワザ」ですから、ここで公開することは控えなければなりません。

ある程度の金銭で決着の場合も

本部が中小企業で、本部も裁判に訴えてでも営業停止に追い込みたいと考えてはいない場合とか、加盟店も、ご家族の状況その他を勘案して大きな争いにはしたくない、あるいは、するわけにはいかない、という場合もあります。

このような場合、四〇万円とか五〇万円以下の金銭を本部に払って、「以後、双方請求しない」合意書を交わして決着した、という例もあります。道理がないと言えば道理がない面がありますが、具体的な実情によっては、支払い可能な金額で数週間の話し合いで早期に解決することで、以後、心おきなく新しい気分で仕事に集中できて、「良かった」という納得になります。

このようなケースでは、契約の当事者以外のものが非難することもないのではないかと思います。

裁判ではどうなるか

現状では残念ながら、加盟店勝訴、敗訴五分五分ではないでしょうか。多くの判例では、契約終了後の「競業禁止規定」を認めています。従って、この問題での裁判闘争は厳しいと見た方がよいと考えます。

弁護士の間でも、「競業禁止規定」そのものを不当と考える人と、合理性があると認める人に分かれます。

加盟店の主張が認められた例としては、本部がおこなうべきＦＣ契約上の義務の内容とか、契約終了時に加盟店が類似または同種の事業をおこなわざるを得なかった理由、また、加盟店が契約終了後におこなった事業が本部の事業に損害を与えた事実が証明できない、など総合的な検討をおこなってのものです。

今後の展望に関して

私たちは、職業選択の自由を大原則に、「加盟店の事業機会の確保」という点からこの問題を考えて、「競業禁止」規定は不当だとしています。

加盟店の経営権を大きく侵害する「条項」をＦＣ契約書から撤廃させることが重要です。その確かな保障として「フランチャイズ法」の制定が欠かせません。

民主党を中心とする新しい政権のもとで、「ＦＣ法」の制定その他、ＦＣ関係の法整備を実現させる可能性が強まったと言えます。もちろん、たんたんと進むとは思いませんが、少なくとも自民・公明政権と同じではありません。これまでになかったチャンスの時期ととらえ、運動を前進させたいと考えます。

11 「ロイヤルティー（チャージ・本部への納付金）」問題

Q

コンビニ店経営をしていますが、本部に納めるロイヤルティーが売上の数十％にもなります。これまで一〇年以上やってきましたから本部に納めた金額は二億円を越えます。普通の小売店なら、年間販売額が何千万、何億円ならりっぱにやっていけるはずだと思います。

ロイヤルティーをゼロにせよとは言いませんが、あまりにも高すぎると思います。また、二年、三年と経過すれば、本部社員に経営指導される内容もほとんどありません。何のためにロイヤルティーを払っているのか、なぜこんなに高いのかという疑問がだんだん強くなっています。この率を引き下げることはできないものでしょうか

コンビニのロイヤルティーは高すぎる

多くのＦＣコンビニ加盟店に共通した不満・要求です。セブン‐イレブンはチャージと呼び、その他多くのＦＣ本部はロイヤルティーと言っています。コンビニでは、契約タイプでその率は違いがありますが、売上の三〇％以上、ある場合は七〇％という高い率で本部に納めることになっています。すべての商品はもとより、ＡＴＭなどの手数料にもロイヤルティーがかかります。ロイヤルティーがゼロという販売・サービスはありません。中小企業診断士、税理士、商工会議所役員、学者・研究者など、コンビニ会計を知る人の多くが、「コンビニのロイヤルティーは高すぎる。本部は利益をもっと加盟店に還元すべきだ」と指摘しています。

コンビニ本部の「売上」とは、直営店の売上と加盟店からのロイヤルティー収入ですから、本部は、ロイヤルティーの率を下げる要求には、まず応じる姿勢はありません。契約書のなかに、「五年ごとに見直す」という条項が明記されている場合も、「見直し」の意味は、「引き下げ」よりも「引き上げ」を検討するための「見直し」条項と理解した方が正しいと言えそうです。

しかし、確かにコンビニのロイヤルティーは高いのですが、後述するように、他業種のそれと比較して、加盟店への「還元」も多様に実行している面もあります。

例えば、テレビ等での広告宣伝、水道光熱費支援、廃棄支援、研修費負担、特売商品の加盟店利益減への補填などがあげられます。また、頻繁な本部社員（SV＝スーパーバイザーと呼ばれている）の巡回・訪問、配送回数も他とは大きく違います。さらに、新商品の開発など、本部の「事業の革新」への体制や探求も他業種のFC本部に勝っていると言える面があります。

そういう意味では、「ロイヤルティー」の率だけを個別に取り出して、「率が高いから加盟店負担が重い」と言ってしまってよいのか、という検討をすることも必要でしょう。

同じコンビニでも、本部間の差はあります。ロイヤルティーは非常に低いが、加盟店への本部支援は劣るというコンビニ本部もあるからです。

FC本部がやるべきことをどこまで実行しているか、全体を見て、加盟店負担が重すぎるのかどうかを見るべきだと考えます。しかし、そういう視野で見ても、コンビニのロイヤルティーは高すぎる、と私たちも考えています。

他業種のFCでのロイヤルティーはどうか

大きく分けて、定率制と定額制に分かれます。例えば飲食関係などに多いのが、一カ月の売上の一〇％という、定率型。一方、売上金額に関係なく、一カ月一〇万円と額を固定的に決める本部もあります。どちらかと言えば、定率制が多くなっています。コンビニ以外の業種では、五％とか一〇％が多く、コンビニのように三〇％以上というのはほとんどありません。

しかし、ロイヤルティーが低い本部では、広告宣伝のチラシはその都度、一枚五円とか一〇円とかで加盟店が負担するとか、経営指導のために本部に社員の派遣を要請すると、その都度、日当と交通費が加盟店負担という例が多く見られます。

新商品の開発もほとんどなく、販売促進のための本部支援も全くありません。ロイヤルティーはコンビニと比較すれば少額とはいえ、何のためのロイヤルティーか、という疑問をもつ加盟店が多いのが実際です。

また、本部に納めたロイヤルティーは何に使われているのか、その説明ができる本部もあまりありません。この点では、コンビニは一応、ロイヤルティーの使途を説明します。その説明資料も作成しています。その説明内容の真偽はともかく、ロイヤルティーの意味とその使途について加盟店に説明する必要があるという姿勢に立っています。コンビニ以外のＦＣ本部の多くは、このような姿勢が見られません。

コンビニだけでなく、また、それが「高いか、低いか」だけでなく、ロイヤルティーに関する不満と疑問は、多くの加盟店に強く存在しています。

すべてのＦＣでのロイヤルティーに関する主な問題点

「高い」ということ

コンビニに見られるように、五〇％、六〇％というのは、検証ヌキに高すぎます。加盟店の経営の存続を考慮しているのか、と疑問をもたざるを得ません。利益の大半を吸い上げると言ってよいものです。

コンビニ以外のＦＣでは、ロイヤルティーに見合う加盟店への支援等の「還元」がなさ過ぎます。また、新規開業半年位はともかく、二年以上も経験すれば、本部からの指導の価値がほとんどなくなってくるのが実態です。その意味では、定額も定率も、その固定化は「高い」という評価になってきます。ロイヤルティーを徴収する以上、本部にも商品やサービスの新たなノウハウ、「革新性」が求められます。

使途とその率・額の説明義務、透明性が欠けている

加盟店が納めたロイヤルティーはどうのように使われ、どう加盟店経営に役立っているのか、その使途を説明すべきです。また、なぜその額・率が必要なのか、その根拠についても明らかにすべきです。どのような積算でそうなるのか、そうした透明性が欠けています。

一方的に決められるということ

加盟時の契約書もそうですが、それ以降のロイヤルティーの変更も本部が一方的に決めるのが通例です。上がる時も下がる時も、加盟店との協議はありません。本部への納付額の変更は、

事業経営では極めて重要な内容です。しかし、事前に協議する場が保障されているわけではありません。

一部に、「協議」らしき場があるケースもありますが、それは「対等の立場」での協議には程遠く、事実上、通知です。その変更を認めなければ契約の継続が打ち切られる、そう思わせる「協議」でしかありません。

このような一方的な契約内容の変更は、ロイヤルティーに限ったことではなく、商品の仕入れ価格についても同様です。これまで、こうしたやり方がまかり通ってきました。

問題解決の展望、可能性はあるのか

メスを入れるべき点と、その実現の可能性、展望について述べたいと思います。

第一に、ロイヤルティーは逓減制にすべきです。オープン初期と、五年、一〇年経過時点と同額・同率は不合理です。経験を積むほどに、本部社員の経営指導の水準よりも、加盟店の側の経営水準・能力の向上があります。これが通例です。従って、年数を経るに従って、本部への納付金は減っていく、というルールにするべきです。

第二に、コンビニなど特定の業種に限っては、率の上限を法令で定めることが適切だと考えます。すべてのＦＣを対象にするのではなく、コンビニなど少数のＦＣに限っての、こうした措置が必要です。

第三に、三年または五年ごとに、「対等の立場で見直しをする協議」をおこなうことにすべきです。

第四に、ロイヤルティーだけでなく、全体として本部が負担すべきことと、加盟店が負担することが道理である事項を明確にし、透明性を確保すべきです。

以上の四点の実現のためには、ＦＣ法の制定と加盟店の共同・連帯した運動の発展が欠かせません。

いま、長らく続いた自民党政治が終わりを告げ、新しい政権が誕生しました。また、本部の協会も「コンビニエンスストア宣言」を発表し、加盟店とのよりよい関係確立への新しい模索を開始しています。日本弁護士連合会も、法整備を急ぐ考えであることを明らかにしました。

このような、これまでにない新しい情勢の変化・発展があります。この流れ、方向をさらに加速させるならば、解決の展望はあると確信します。

12

加盟店は裁判に勝てるか、裁判に勝つためには何が大切か

Q

ＦＣ加盟店を経営して八年になります。経営状態は年々悪化し、自分なりに努力してきたつもりですが、一向に事態は改善しません。この間、本部とはいろいろ交渉してきましたが、納得のいく回答はなく、もう限界です。投下資本の回収どころか、被害額が膨らみ、借金も増えました。本部に損害賠償を求める裁判を起こしたいと考えています。しかし、加盟店が負ける裁判も多いことを知りました。フランチャイズ加盟店が裁判に勝つためには、どうすればよいでしょうか

ＦＣ裁判の大事な意義

かなり多くの加盟店から相談されるテーマです。そこには、不公正なFC契約のもとで、経営不振の原因と責任をすべて「加盟店の経営責任だ」と決めつけられることへの深い怒りがこめられています。

私たちは、国民の裁判する権利を大切に考えることは当然です。また、加盟店の自主的な経営権を根本から否定するFC契約の違法性・不当性を社会的に明らかにし、加盟店の権利を守る「FC法」の制定の必要性を世に問いかけ、その世論を高める上でも、裁判のたたかいは大事な意義を持っていると位置づけています。この立場から、本部から訴えられた裁判であれ、加盟店が本部責任を求める裁判であれ、私たちが知ったFC裁判については、関心をもち、加盟店が勝利するための必要な支援や協力をすることにしています。

FC裁判の困難な条件も見て

しかし、現在は加盟店の権利を守り、保障する法律がありません。本部の行為の何を「違法」とするかの法律が不備な実情です。消費者には「消費者保護法」があり、労働者には、労働関係法があります。下請中小企業の分野には「下請代金支払遅延等防止法」とか「建設業法」などがあります。FC分野にはまるで法がないと言える状況です。

我が国の経済関係法規の全ては、FCビジネスを視野においていませんでした。誰もが予想しなかったほどにＦＣビジネスが経済社会のなかで大きな位置を占める存在に「成長」したことで、最近になってようやく目が向けられるようになりました。しかしそれも、環境関連法であったり、独占禁止法の運用上の「考え方」の改定に過ぎず、明確なＦＣ加盟店の権利保障ではありません。「本部の行為は違法」と裁定する根拠となる法律がない、ここにＦＣ裁判の根本的な困難性があります。

また、裁判官や弁護士の多くがＦＣの実態をよく承知されていないという実態があります。加盟店の立場を正確に把握されておらず、もっぱら本部が作成した「ＦＣ契約書」を基本にして、違法か合法かの判断が下される場合が少なくありません。

従って私はよく、「裁判官は本部とは違って公正に見てくれる、と思うのは甘い幻想だ」とさえ表現します。裁判の意義や重要性を認めた上で、「裁判は最後の手段」と考えています。逆に、こうした厳しい条件のもとでの裁判闘争であるだけに、ＦＣ裁判での加盟店の勝利判決や勝利的和解は、極めて貴重な成果だと評価すべきです。

裁判で勝利するためのいくつかのポイント

裁判でかちとる目標は何かを明確に

現状では、ＦＣ裁判の多くは損害賠償請求です。しかし、必ずしもそればかりではなく、最近では「領収書など帳簿の開示」請求のような例もありますし、「本部の謝罪を求める」という例もありました。また、目標は一つとは限りません。もっと基本的なことですが、「勝つことが目標ではなく、問題を社会に公表したい」という目的で裁判という手段を選ぶ例もあります。

しかし、私たちとしても、FCビジネスの健全化を志向し、不公正な契約関係の解消をめざすという立場からは、「後ろ向きの判例」は増やさない方がよいと考えますから、「何を勝ち取るのが目的か」「その目的達成の可能性はあるのか」という吟味は重要だと思っています。やみくもに、とにかく提訴することは良いことだとは考えません。また、裁判に訴えれば世間が注目する、というものでもありません。ここでは、「勝つ」という目標に焦点をおいて述べることにします。

裁判官が認めざるを得ない「突きどころ」の探求

裁判の世界では、裁判官が判定を下すわけですから、裁判官にこちらの主張を認めさせることが「勝つ」ということになります。こちらがどんなに「正しい」と考えても、裁判官に「そうは思わない」と判断されれば「負け」になります。従って、「裁判官が認めざるを得ない」のは何か、どういう主張か、その一点に絞り込むことが決定的に重要です。

そのために、過去の判例の研究・調査や、現行法令を丹念に見直すなどの作業をやるわけです。

その場合、勝った事例に学ぶとともに、負けた事例の研究も重要ではないかと思います。この過去の判例の研究のなかで大事なことは、時代とともに裁判官の判断の「変化」もある、この点にも注目することです。

国民的な運動、国会論戦などを反映して法令の解釈・運用など情勢の変化・発展と無関係ではありません。裁判官の認識の変化もあります。この、地道な「作業」をどれだけ手抜きしないでやるか、が勝敗の分かれ目でしょう。

あれこれ本部の不当性を、豊富に、口数多く展開すれば良いというものでもない。一角を崩せば勝てる。ここに裁判闘争における論戦の特殊性、また醍醐味があるとも言えると思います。公判の全体の流れを見ていると加盟店側の主張が攻勢的で、終始本部側を追い詰めており、「この裁判は勝ちだ」と思っていたのに、判決は意外な敗北だった、という事例も少なくありません。

加盟店の要求や感情をくみ上げ、本部の不当性をあますところなく全面的に明らかにする裁判の場での主張・論戦は、加盟店としては「満足感」を覚えます。しかし、裁判官は認めなかった、という結果になれば、「勝つ」という目標は達成されなかったということです。

法廷外の運動、「力」との連携

残念ながら、多くの裁判官は加盟店オーナーを、「被害妄想に陥った少数の特殊な国民」と見ます。そう思われていると考えた方がよいと思います。その認識を変える努力が必要であり、その認識を変えるための知恵も発揮することが効果的だと考えます。そのためには法廷外の運動・支援が重要です。その具体的な手段として三点挙げたいと思います。

①大学教授など識者の「鑑定書」提出

加盟店と本部の間に存在する本部優位の仕組みの研究や、加盟店の立場に立ってその権利擁護のために何が必要か、などの研究をされている学者は増大傾向にあります。こうした学者の「鑑定書」を提出することが大きな効果を発揮する場合があります。

②全国ＦＣ加盟店協会の「意見書」などの提出

この問題の本質や、公正な判決の全国的重要性を事実に即して述べることで、裁判官の認識が大きく変わった例もあります。また、加盟店協会を通じて会員（加盟店）の一定数のアンケート調査・実態調査をおこない、その結果を提出する方法もあります。あるいは、加盟店協会の出版物を裁判官に提供して、裁判官の「勉強」を促すことも大事です。

③仲間の支援、傍聴

裁判の傍聴は、一見、何の効果もないように見えますが、実は重要です。裁判全体が公正なものになるよう、裁判官の「不当」運営を監視することになり、また、傍聴者が多いことで国民の注目度が高いことを示し、慎重審理につながります。

将来展望に関して

数十年にわたる加盟店オーナーの裁判闘争の経験を通じて、ＦＣ裁判も大きな変化の時代のさなかにあります。加盟店が勝つ裁判が増えてきました。加盟店の側に立つ弁護士も増え、その努力・奮闘もあります。さきの総選挙の結果、新政権の誕生で、ＦＣの法整備の実現の可能性も高まりました。

大きな流れの前進的変化にもしっかり目を向けて、展望を見失うことなく、ＦＣ裁判の位置づけも確認しつつ、発展させていきたいと考えます。

なお、このテーマについては次回、今回述べられなかった点を再度、述べたいと思います。

13

加盟店は裁判に勝てるか、裁判に勝つためには何が大切か　その2

Q

同じテーマの続編です。前回では、本部優位のFC契約によって、加盟店は根本的に不利を負っており、その不利を補てんし、加盟店の権利を保障する「FC法」がないという条件下でのFC裁判は、極めて困難なたたかいであること、そういう条件のもとでの法廷内闘争で、勝利をかちとるポイントを述べました。そして、法廷内のたたかいを有利にすすめるために、法廷外の運動との連携についても、どういう手段があるかを紹介しました

今回は、若干繰り返しになる部分もありますが、もう少し詳しく、裁判闘争の原則的な点と、特に法廷外の運動との連携に関して、述べることにします

裁判闘争の主役は誰か

裁判のたたかい全体を通して、「主役」は加盟店である、ということを貫くことが重要な基本中の基本だと考えます。代理人・弁護士を立てず、自ら一人でたたかうことも可能であり、その場合は問題ないでしょう。しかし、多くの場合は弁護士を立てます。その場合にも、いや、その場合こそ、「主役は加盟店」を貫くことが重要だと思います。

冷静に考えれば当たり前と思われることですが、実際は、これを貫くことはそう簡単でもないのです。

「裁判を起こす気持ちはなかった」にもかかわらず、相談した弁護士の「すすめ」や「気迫」に押されて、「裁判をすることになってしまった」という例があります。弁護士に限らず、相談した人の意見を十分自らのものにできない段階で、裁判に踏み出す例もあります。弁護士など、相談を受けた側の人の善意からのものであったとしても、「主役は加盟店」という原則から逸脱しているとすれば、問題は必ず後に表われてきます。

「裁判はやったことがない」「法律のことはよく知らない」加盟店が多数であり、それが普通です。だから代理人として弁護士に委ねるのだ、その経費は負担する、金を出して他人に動いてもらうのだ、というのはそのとおりで、成り立つ理屈です。

それを承知の上で、「主役は加盟店」を貫くべきだと私たちは考えます。その理由は簡単です。裁判の結果に責任を負うのは加盟店だからです。勝っても負けても弁護士・法律事務所などは一つの仕事をしたのであり、無収入ということはない。しかし、加盟店はそういうわけにはいかない、支出だけ、という結果があり得ます。したがって、自ら納得し、自らの意志として裁判をするということが基本になるのは当然です。この点が確認され、裁判闘争の全経過に「加盟店が主役」が貫かれた結果であれば、たとえ裁判の結果が「敗北」に終わった場合も、裁判官への不満は致し方ないとしても、弁護士や仲間への不信や不満にはならず、前向きの「敗北の総括」もできるでしょう。この裁判は「自分の裁判」であるという自覚をもち、一つひとつの局面で自らの意志が反映され、自らの同意・決断のもとに裁判が進行していく、こういう裁判闘争にしていくことを追求したいと考えます。

弁護士との信頼関係という問題

そこで生まれるのが弁護士との関係です。「弁護士を紹介してほしい」という加盟店からの相談も少なくありません。FCについて理解されている弁護士は少なく、ましてや加盟店の立場に立って奮闘される弁護士は圧倒的に不足しています。良い弁護士と巡り合えるかどうかは、難病患者が良い医師と出会えるかどうかと同様、容易でないのです。

あらゆる法律を駆使し、かつ、明確に活用できる法律が見当たらない場合でも、加盟店の要求に正義と道理があることを認め、勝敗を抜きに裁判に訴えたいという加盟店の意志が強固である場合、「では一緒にがんばりましょう」という立場に立たれる弁護士もおられます。そこまででなくとも、加盟店の立場に立って奮闘される弁護士の場合でも、法廷外の運動と連携してたたかうという立場を貫かれる弁護士は数少ないのが現状です。加盟店と代理人契約を結んだ後は、「私に任せろ」型で、他の人たちに裁判の進行状況などを知らせることを嫌がる弁護士も少なくありません。弁護士の「作戦」もありますから、全面的に否定的に見るものではありませんが、ＦＣ裁判は法整備が不十分という条件下でのたたかいであるだけに、一つひとつの裁判が創造的なたたかいであるととらえる必要があると考えます。

また、私は弁護士の方を敵視したり、加盟店と弁護士の「対立」を願うものでないことは言うまでもありません。弁護士の方のその専門的な知識と経験が十分生かされ、発揮されることを切望しています。そのためにも、加盟店と弁護士が信頼し合って、共同の事業、ＦＣ業界の正常化への共同のたたかいという関係・位置づけが、他の裁判以上に求められるということを強調したいのです。その意味では、我田引水と理解されそうですが、当会は各種のＦＣ裁判の経験がかなり蓄積されています。最近、弁護士や加盟店から、率直な相談が寄せられる例が増えてきました。私は喜ばしいことだと歓迎しています。

当会は会として弁護士と契約関係にないだけに、ある場合には弁護士の方に率直に提言する場合もあります。

個々の加盟店としては、弁護士との関係悪化を避けようとして、疑問や意見を率直に弁護士に言えないことも少なくありません。弁護士サイドからも加盟店サイドからも、当会を「利用・活用」されることを奨励したいと思います。

「支援する会」などの重要性

一般に、日本の裁判は年月がかかります。長期戦です。出発点の決意や熱意は、年月の経過とともに薄らぎ揺らぐことが普通です。それを集団で励ます意味でも、その裁判を「支援する会」などをつくることは極めて有効です。

親しい仲間、知人、友人を中心に「○○さんを支援する会」のような組織をつくって裁判をたたかうという経験は、まだ不十分であり、今後の課題です。この「支援する会」の役割は、①裁判を傍聴し、裁判の公正な進行を監視する、②当該裁判の意義などの「勉強会」をおこなう、③裁判の進行状況をニュースや「報告会」で多くの人に知らせ、世論化する、④本人への精神的な励ましや、場合によっては裁判闘争費用や生活費支援などをおこなうなどがあげられます。形にとらわれないで、何よりも「仲間を応援しよう」という気持ちを第一にして、気軽にすすめることが大事かと思います。

集団訴訟について

集団訴訟の利点は、①裁判官や社会へ訴える力が強くなる、②集団の知恵を発揮し、励ましあえる、③裁判費用の個人負担が軽くなるなどの点があります。できる限り集団で訴訟することがふさわしいと主張される弁護士もおられます。

一〇人以上が「会」をつくり、会長、事務局長など会の役員体制と、勝利して勝ち取ったお金の分配のルールもあらかじめ決め、ホームページを立ち上げたり、ビラ宣伝その他、公判から公判までの行動もきめて取り組み、勝利の「和解」を勝ち取った、優れた経験もあります。

集団訴訟で重要なことは、初めに目的をしっかり確認し、局面の変化に対応してみんなでよく討議し、団結を維持していくことに力を惜しまないことでしょう。年月の経過とともに、家族内の変化もあり、また、意見・考え方の相違も生まれ、離脱する人が生まれたりします。最後まで結束を維持し、裁判に参加する人が増えるという経験の教訓は、要求を大切にし、粘り強く討議を重ねている点です。また、意見の違いを認め、裁判をやめる権利も認めることも当然です。

最近の画期的勝利判決

二〇〇九年一二月二五日、東京高裁でFC裁判の画期的な判決が下されました。原告は、「まいどおおきに食堂」の元加盟店三人、被告は、フジオフードシステム（本社・大阪市）とベンチャーリンク（本社・東京都）です。元加盟店らは、①勧誘の際の立地調査が不十分で実際の経営では赤字の連続。勧誘時には確実に繁盛するとか、本部が十分経営指導するという説明であった。②しかし、実際にはSV（スーパーバイザー）とよばれる本部社員の系統的な経営指導は、その回数も少なく、指導内容も極めて低い水準のものであった。ロイヤルティーはその見返りが何もない、などの事実を示して損害賠償を求めました。東京地裁一審では元加盟店らの主張は認められませんでしたが、控訴審では、①勧誘は詐欺的であった②日常の加盟店への指導体制の質量の不足などを指摘して、加盟金など四七一〇万円を元加盟店三社に返還するよう命じました。

また、元加盟店二社はFC契約離脱・終了後、独自に「食堂」を経営していましたが、本部は「競業禁止条項違反」として違約金や営業差し止め請求をしていました。これに対しても、「信義誠実の原則に反し、権利の乱用」として本部の請求を退けました。

今回の判決は、FC業界で数多くみられる問題点について、加盟店の主張をほぼ全面的に認めたという点で画期的で、類似の裁判への影響は大きいと思われます。「東京オーナー会」の立ち上げに始まり、全国的被害者組織の結成など、運動しつつたたかってきたことも重要な教訓と言えるでしょう。

裁判闘争の分野でも新たな変化が生まれている面もみて、確信を強めたいと思います。

14

契約してから開店できなくなったが、それでも「解約違約金」は払うべきか

Q

ラーメンのＦＣ本部と契約を結びました。直営店で経営中の店を買い取ってＦＣ店としてやっていくつもりでした。直営店の売上状況を見て、妹と二人でやれば採算がとれると判断しました。しかし、手元に資金がありません。金融機関への融資申し込みで資金繰りがつかないことも話しましたが、本部は、「それでは加盟手続きを進められない、詳しい話もできない」など加盟時に必要なお金の入金を迫りました。仕方なく消費者金融などで借りて加盟金、店舗賃貸契約手付け金、研修費など加盟申し込みに必要なお金、六〇〇万円余を納金しました。研修はまだ受けていません。資金手当てがつかないため、開店日を大幅に遅らせることで話がつきました。

その最中に、すぐ隣に、別のラーメン店が開店しました。その結果、直営店の売上は大きく低下、採算割れの事態になっています。資金繰りがつかないことと、この事態に、「FC契約を解除し、やめたい」と申し出ました。契約を結んでから三カ月近く経過しています。本部は、「中途解約違約金として四〇〇万円を請求する」と言います。この違約金は払わなければならないものでしょうか

双方に過失がある

スタート時の資金のほか、店舗経営の運転資金など何千万円もの資金が必要であること、その資金のほとんどを借り入れるしかないこと、しかし、銀行など通常の金融機関からの借り入れの決済がおりていないこと、こういう事態であるにもかかわらず、正式に契約書に署名・捺印してしまったことは、失敗です。そもそも、FC事業は資金総額の大半を借り入れてやり始めることは非常に危険です。

一方、本部の側も、資金手当てがついていない実情を承知しているのに、当該物件は充分利益が出る店であることを強調し、早く加盟契約を済ませるよう、執拗にせまりました。資金が

ない者に対する強引な勧誘をおこなったわけで、本部の過失も明白です。

本部に実質的損害はない

現に本部の直営店として経営しているわけで、そのままの形でFC店に委譲するという契約ですから、それが実行できなくなったとしても、本部はそのことを原因とする実際の損害はありません。「解約違約金」がなぜ四〇〇万円にもなるのか、その根拠は説明がつかないでしょう。

本部は、入金された六〇〇万円余の中から四〇〇万円を相殺すると言っており、加盟者は納得できないと主張、いま本部と交渉中です。

資金手当てがつかないために契約の実行ができない間に、競合店の出店という事態が発生しました。資金手当てがつかなかったことが幸いでしたが、これは双方、想定外のことです。従って、先に述べたように、双方に過失があるという点から、加盟者に全額返金はやや無理があるかもしれません。実際、この加盟者は全額返金を要求していません。

返金請求できるものは何かの検討

店舗の賃借人が、本部から加盟店に変わるという前提で、その「手付け保証金」を納入しています。これは、家主と話し合って返金を求めるようにします。家主にとっては空き店舗になるわけではありませんし、正式な賃貸借契約を結んでいませんから、可能だと考えられます。

研修費も納入済みですが、研修を受けていませんから返金請求します。什器備品代金の一部としての納入金も返金を求めます。

問題は「加盟金」です。ほとんどのFC契約では、いかなる場合も加盟金は返還しないと明記しています。今回のケースでは、本部の勧誘行為に強引さもありましたが、加盟してやっていこうという意志があったことは明白でした。また、開店できなかった事由は加盟者の資金手当てがつかなかったのが最大の原因です。正式にFC契約を交わして三カ月以上、契約を実行していない非は認めざるを得ません。加盟金の全額返金は難しいのではないかと考えられます。ここは、中途解約違約金の免除を中心に交渉するのが妥当でしょう。

類似のケースを含めた教訓

(1)事前の説明の段階で、契約申込金とかいろいろな名目で一〇〇万とか五〇万とか入金をせまり、さらに詳しい説明は入金がないとできない、という本部も珍しくありません。このように、正式なFC契約締結前に入金を求める本部は、要注意です。たとえ少額であっても入金してしまうと「加盟の意志があった」と判断される恐れがあります。「中小小売商業振興法」の規則で、事前の情報開示、加盟しようとする者への事前説明の義務が定められていますから、入金しないと説明しないというのは、違法性が高いのです。

(2)また、「FC契約書」の全文について詳しい説明を求めることが不可欠です。加えて、初めてやる事業ですから、「FC契約書」の説明を受けたとしても、充分に理解できないのが当たり前です。説明を受けたその場で署名・捺印することは避けて、契約書の内容を充分検討する時間を要求するようにします。この要求を聞き入れず、その場での署名・捺印を強く迫る本部は、要注意です。そういう場合は、契約を見送るという決断が大切です。

契約書の内容を理解する期間を求め、その間に弁護士や既存のFC加盟者に意見を聞くという、自らの独自の検討をすることが、被害者とならないための道です。

(3)契約書を交わしたが、開店できないケースも実はしばしばあります。本部の側の事情で備品その他、開店に必要な物や人的体制が整わず、契約書に定められた期日に開店できないという事例もあります。その間の店舗家賃の負担も含めて、本部に保障させることが当然です。しかし、こういう場合でさえ、本部が自動的に全額負担するとは限らず、「本部も努力した。共同責任だ」と言って加盟店にも一定の負担を要求してくる本部もあります。許せないことですが、それほどに「悪質」な本部も存在することを知る必要があります。

本部の事情で開店できないという事態になり、その期間が長引くことに不信感を強め、加盟店の側から「契約解除」を申し出ることがあります。これは当然です。多くは本部も認めざるを得ず、返金に応じて解約になります。加盟店の強い解約意志の表明が大事です。

「中途解約違約金」の不当性

2で「中途解約違約金」問題を取り上げました。そこでは、加盟店にも解約権があること、経営不振や病気などやむを得ない事情による中途解約を「契約違反」として扱う不当性、その金額をあらかじめ契約書で確定して明記することの不合理性を述べ、最近では違約金なしの中途解約の事例が広がっていることを紹介しました。

今回の事例は、開店できなかった場合の「違約金問題」という新しい問題です。しかも、開店できなかった原因が本部責任というより、加盟者側の資金不足による契約不履行です。おそらく、弁護士など法律分野の多くの専門家の判断は、加盟店側に責任・非があるということになるのではないでしょうか。

こういう場合に生きてくるのが、「契約書から問題を見る」のか、「実態から問題を見る」のかという点です。私たちは、FC契約書を完全に無視するものではありませんが、FC契約書の条項だけを見て判断しません。実際のナマの現実をリアルにとらえて判断していこうという立場に立ちます。

契約不履行がその責めを負うことが正当であるのは、不履行によって相手側に不利益・損害等を与えるからです。今回の場合、当該店舗は直営店として営業中であり、ＦＣ店に移行するに当たって、本部が何らかの新たな大幅な投資などを必要としないケースです。店舗賃貸料、人件費、水道光熱費など本部負担がゼロになる、そしてロイヤルティー収入が発生する、本部にとっては実に「うまい話」でした。それが消滅したからと言って「損害が新たに発生」したわけではありません。「もうけそこなった」に過ぎません。そして「違約金四〇〇万円」が手に入れば、労せず利益を得ることになります。

一方、加盟店の側は、もしここで「違約金」を徴収されれば、まさに丸損です。これがナマの実態です。しかも重要な点は、なぜ四〇〇万円か、です。この金額の合理的根拠はあるのか、という点です。「中途解約違約金」条項の不当性は、一方的な、根拠なき金額の査定です。

やはり、ＦＣ契約における「中途解約違約金」は大きな問題の一つと言わなければなりません。

15

加盟店の不利を補完する「FC法」実現の展望・可能性について

Q

FC加盟店として何十年もやってきました。経営はともかく採算がとれています。これからも今の仕事を続けていくつもりです。もう、この仕事以外には考えられません。

しかし、FC契約は、本当にひどい内容です。加盟店は一切の権利を奪われています。このような契約が法的に有効なのか、という疑問さえ起こってきます。

こうした不利を是正し、加盟店の権利も保障するような「FC法」が外国にはあると聞きます。なぜ日本にはないのでしょうか。民主党を中心とする新政権が誕生しましたが、「FC法」が実現する可能性はあるのでしょうか。また、どのような内容の法律であるべきでしょうか

自民・公明政権時代との比較で言えば、ＦＣ法実現の可能性は高くなったと見ています。また、実現させなくてはならないと考えています。

ＦＣ産業全体の年間販売額や加盟店の数などを見れば、世界的にはアメリカに次ぐ規模になっており、世界第二位の「フランチャイズ大国」日本にＦＣ法がないのは不思議なくらいです。なぜ日本にＦＣ法がないのか、その主要な原因は、加盟店の運動・組織の力量のなさにあった、と考えています。

政府や政党に対する加盟店の働きかけが弱かったということです。そこには、コンビニ大手などフランチャイズ本部の力が強いこと、また、その力の差の背景に、あまりにもひどいＦＣ契約で、加盟店の自主的な運動や組織の芽生えと発展がことごとくつぶされるという、「条件」もあったと考えるのが妥当でしょう。しかし今、新しい展望、可能性が生まれています。

ＦＣ法が実現する「可能性」

私たちの一貫した要求の一つが「ＦＣ法」の制定です。この二年間余、民主党と協議を重ねてきました。民主党のある議員が「この法案は内閣提出法案とするのがふさわしい。与党を動かすためには、野党第一党の民主党が動くことが必要だ」と言明され、そこから「党として責任をもって対応する」として民主党本部での協議が始まりました。その過程では「政権交代が実現すればできる」という明言もありました。

共産党はいち早く「FC法制定の政策」を発表しており、その態度は明確です。社民党、国民新党も私たちの要求への支持を表明していました。自民・公明も「現状のままで良いとは考えない。法制定についてはもう少し検討させて欲しい」というスタンスでした。頭からFC法制定を否定しない、という点では各党が共通していました。

二〇〇九年六月二日に全国FC加盟店協会が主催した「名ばかりオーナーからの脱出」を求める国会内集会には、二〇〇人が参加、国会議員（代理として秘書を含む）の参加は六〇人をこえ、文字通り全政党・会派に及びました。そして、八月の総選挙で民主党が大勝し、民主党を中心とする新政権が誕生したわけです。民主党は解散前の国会に、フランチャイズにも適用される、「中小企業いじめ防止法案」を提出しており、選挙後もこの法案成立を「優先的に成立させる」と党本部担当者は明言していました。

秋になって、民主党のある議員の意向を受けて、FC法の内容を検討する学者グループが結成され、検討を開始しています。また、日本弁護士連合会（日弁連）が、FC法整備のために「FCコンビニ一一〇番」を全国的に実施するという動きもありました。

私自身がいくつかのFC本部社長や役員と面談したなかでも、「FC法の制定は必要だ」と明言する声がありました。これまで、法制定にはかたくなに反対していたある大手本部幹部も、昨年一一月には非公式ながらその態度を変え、「どのような法にすべきか」の話し合いをしたいと言い始めています。

このように、ＦＣ分野の法整備が実現する可能性は高まったということができると思います。

法の中身の検討での重要な論点

二〇〇〇年前後に、ＦＣ法制定の運動の高まりがありました。学者グループの「法案要綱」の発表があり、私たちも二〇〇二年一二月に「フランチャイズ事業における取引の適正化に関する法律案要綱」をまとめ、発表しました。しかし、ここ数年間は法制定を求める運動の中断がありました。そういうこともあって、「ＦＣ法」がなぜ必要か、その内容はどういうものであるべきか、などの点での議論がなく、それでいて「ＦＣ法」という言葉がひとり歩きしている感があります。そして、ＦＣ法の内容の理解がばらばらであり、その上でＦＣ法に反対・賛成の意見があれこれ表明されています。

いま、業界内でも法曹界でも政界でも、ＦＣ法制定などＦＣ分野の法整備の機運が高揚してきました。いよいよ法の中身の議論・研究・検討が開始される段階を迎えました。

ＦＣビジネスの存在をどう評価するか

ＦＣビジネスの存在そのものを存在悪ととらえ、ＦＣビジネスはない方がよいという考え方に立つのか、それとも、ＦＣビジネスの積極的役割を認め、その健全な振興をはかろうとするのか、まず問われる基本点はこの点だと思います。もし、ＦＣビジネスの存在を悪ととらえ、消滅を企図する立場に立つならば、原則禁止の「許可制」を骨格とした「規制法」の制定を目指すことになります。現実にこのような立場に立つ人たちも存在します。夢と希望を持ってＦＣ産業に参入した結果、無残な失敗に終わり人生を大きく狂わせてしまった「被害者」の存在も実態の部分であり、このような「被害者」や「被害者」の立場に立って奮闘しておられる弁護士などのなかに、ＦＣビジネスは悪であるという考え方が支配的となるのも不思議ではないでしょう。

私たちは、このような「被害者」を産んでいる実態があることも視野におく一方で、ＦＣ加盟店としてその経営を維持している事業者、ＦＣ本部に商品を納入している業者、配送業者などの存在とそこに働く労働者、本部や加盟店で働く労働者（非正規を含む）など、ＦＣビジネスにかかわり、それを生計の糧にしている従業者が多数存在していること、また、ＦＣ加盟店を利用する多数の国民が存在している現実、それらを全体としてとらえて、我が国の経済社会で果たしている役割を全面的に否定することは現実的でないという把握をしました。そして、いま重要なことは、ＦＣビジネスを壊滅させることではなく、ルールある産業にしてその健全化をはかることだ、という考え方に立っています。

法律は問題解決の万能薬か

要求の実現や問題の解決はすべて法律によるべきでしょうか。要求・問題によっては法律にもとづく行政的権力で解決するのではなく、交渉・話し合い・運動によって解決することがふさわしいというものもあります。どうしても法律で明確にしておく必要があるというものに限るというのが、立法に当たって考えるべきことです。国民的な合意形成が不十分であることが明らかな問題を、議会内勢力の数の力で決めてしまうことは避けるべきと考えるのが民主政治の実現に大事なことです。また、法律が実現すれば必ず問題は「自動的に」解決するものでもありません。その法定事項を守り、実行させるように監督官庁やＦＣ本部を監視したりする、私たちの運動が法制定後も重要です。殺人が罪になることは法的に明確でも、殺人事件が絶えない事実からも明らかなことです。

「加盟店のエゴ」という批判を避ける立場

ひろく国民的な支持・共感が得られる法律を目指すことが大事だと考えます。ＦＣ本部企業といっても、資本金が一〇〇億円を超え、加盟店数も一万店を超える本部もあれば、有限会社で加盟店数も三店というＦＣ本部も存在します。実際には中小企業規模の本部が圧倒的多数です。また、ＦＣ事業に関係する製造業事業者、卸売事業者、運送事業者などその裾野・関連事業者は多数にのぼります。二四万ＦＣ加盟店が日々、商品やサービスを提供している国民は数百万、数千万人に及びます。こうした全体を視野に入れて、あるべき法の内容を探求する姿勢が重要ではないでしょうか。極めて少数の大手コンビニ本部だけを見ての「結論」では、「一部加盟店オーナーのエゴだ」という国民的な批判にさらされかねません。私は、そういう意味では拙速を避け、ひろく国民の支持・共感が得られる法律に仕上げるという基本的立場を確立して、内容の検討を行うべきだと考えます。

私たちが目指す法律内容に関して

私たちは、本部企業の登録制、情報開示の徹底、契約内容に禁止条項を設ける、ロイヤルティー等の適正化、競合店出店（ドミナント）の事前協議、国の指導責任規定などを重点柱にした新法の案を準備しています。

しかし、その後の情勢の進展もあり、再検討も開始しています。例えは、経済産業省が主に管轄する、「業法」的な法律と、公正取引委員会が管轄となる独占禁止法の特別法の「FC法」という、「フランチャイズ二法」という発想も有り得るかと思います。

勿論、私たちの案に固執したりするものではなく、関係者やひろく国民のみなさんの声も聞き、合意をめざしたいと考えています。重要なことは、早く良い法を成立させることです。政府や各党との懇談を引き続き強めます。

あとがき

フランチャイズ問題を系統的に取材してきた、あるフリーライターの一人に、「日本でフランチャイズの実情に一番詳しい人」として、私の名を挙げられた事があります。私は即座に「とんでもない」と否定しました。

しかし、冷静に考えると、そうかもしれないと思えてきます。というのも、全国FC加盟店協会という組織は、営利を目的とせず、あらゆる業種のフランチャイズ加盟店を対象にした、全国組織です。このような団体は他に無いのです。一般マスコミや業界新聞などの取材と情報交換、地方自治体からの問い合わせ、文字通り全国あらゆる加盟店とそのご家族からの相談、そして各本部との折衝、関係政府機関、民間シンクタンク、学者、弁護士などとの情報交換・意見交換、労働組合、消費者団体、中小企業団体との懇談など、情報収集の広さはかなりのものだと言えるでしょう。

個々の本部は自己の業種のことは詳しく、㈳日本フランチャイズチェーン協会は本部を中心とした情報は詳しいでしょう。しかし、領域の「広さ」という点ではいかがなものでしょうか。

私が、というのではなく、当会のような組織の事務局長という立場は、確かにわが国のフランチャイズに関係する情報をもっとも広く収集できることになる、そのように考えますと、フリーライターの評価は当たらずと言えども遠からず、かもしれません。

だが、それでもなお、私が直接接触を持った本部企業数は二〇〇社以下です。知らないこと、わからないことの方がはるかに多い、そのように自覚しています。

本書は、一〇年余の体験を土台に、過去に執筆した小論のなかから、現在も通用するのではないかと判断したものを選んだものです。

しかし、フランチャイズ業界は「激変の時代」です。法整備に関しても新しい動きが生まれるでしょう。また、地域経済・地域社会のなかでのフランチャイズのあり方、労働問題としてのフランチャイズなど、論点と切り口、角度が多く残されています。そのことをつけ加えておきたいと思います。

最後になりましたが、本書刊行にあたり、花伝社の平田勝様には大変ご苦労をおかけしました。感謝し、御礼申し上げます。

二〇一〇年六月

植田忠義

初出一覧

第Ⅰ部　激変の時代のコンビニ・フランチャイズ

1章　新しい段階を迎えたコンビニ・フランチャイズ業界（原題「新しい段階を迎えたフランチャイズ・コンビニ業界のこれから」『季刊 中小企業問題』二〇〇九年一一月）

2章　コンビニ最前線（原題「フランチャイズ産業の健全化と国民的運動の展望」『月刊 民商』二〇〇四年一一月）

3章　コンビニ本部が問われ始めた基本問題（原題「コンビニチェーン本部が問われ始めた基本問題」『季刊 中小企業問題』二〇〇八年一〇月）

4章　過重労働の中での深刻な健康被害（原題「過重労働の中での健康被害深刻」『季刊 働くもののいのちと健康』二〇〇八年一月）

5章　フランチャイズ業界と法整備の最新動向（『法の科学』二〇〇九年）

6章　《特別対談》コンビニ・FCの現状と展望を語る（『季刊 中小企業問題』二〇〇四年八月）

第Ⅱ部　コンビニ・フランチャイズ加盟店のための何でも相談室

（原題「フランチャイズ加盟店のための何でも相談室」『月刊 民商』二〇〇九年一月～二〇一〇年三月）

全国FC加盟店協会　案内

ごあいさつ

全国FC加盟店協会は、1998年4月15日に結成されました。会の名称は「コンビニ・FC加盟店全国協議会」でした。2003年11月1日、コンビニに限らず、あらゆる業種のフランチャイズ加盟事業者の会であることを鮮明にするために、今日の名称に変更しました。

本部系列を越えて、全国のフランチャイズ加盟店業者の自主的な会として、経営の向上、公正な取引契約の確立をめざしています。

日本経済が「90年代不況」を経て、今なお本格的「回復」には至っていないなかにあって、フランチャイズ産業は、伸び続けています。他の産業界や国・自治体からも注目され、多くの事業者や国民のフランチャイズへの関心も大きく高まりました。

しかし、これまでのような「順調な伸び」が今後も約束されているわけではありません。経済・社会の変化に対応した、不断の経営革新・改革・努力は本部にも加盟店にも求められます。

私たちは、経済社会のなかでの位置・役割にふさわしく、より健全な産業になることをねがい、加盟事業者の立場から、そのための活動を展開していこうと考えています。

また、フランチャイズ産業全体としては「成長・発展型」であるとは言え、さまざまな問題点も多く残されているのもまぎれもない現実です。

フランチャイズ産業の健全な発展と、諸問題の解決のためには、個々の加盟事業者が、事業経営者の自覚をもち、その責任と権限で打開すべきこともあります。同時に、個々の経営者の努力の範囲を超えた問題もあります。

それらの解決の方向を探求し、個々の事業経営の向上を実現するために、知恵と力を合わせていこうではありませんか。

一人でも多くの加盟店・オーナーのみなさんが私たちの会にご参加下さることを心からよびかけます。

●全国FC加盟店協会の目的

① FC加盟店の経営と生活の向上をはかる。

② FC本部との公正な取引契約をめざす。

③ 中小業者や住民と協力して、地域経済振興に貢献する。

●入会方法

入会申込書に必要事項をご記入の上、下記の事務所まで郵送してください。
FAXまたはインターネットホームページからの入会も可。

●会費　1ヶ月あたり2,000円事務局から送付の振込み用紙で送金。

〈連絡先〉全国FC加盟店協会

〒171-0021 東京都豊島区西池袋2-24-7
TEL・FAX 03-5911-5344
http://www.fcajapan.gr.jp
E-Mail:info@fcajapan.gr.jp

植田忠義（うえだ　ただよし）

1941年三重県生まれ。証券会社、大手スーパー、商社などに勤務。自ら飲食業など自営業者の経験を経て、中小企業団体に職員として勤務。1995年、コンビニ・ＦＣ加盟店の全国組織、「コンビニ・ＦＣ加盟店全国協議会」（全国ＦＣ加盟店協会の前身）の発足に参加、事務局長に就任、現在に至る。

「激変の時代」のコンビニ・フランチャイズ――オーナーたちは、いま

2010年7月1日　初版第1刷発行

著者 ―― 植田忠義
発行者 ― 平田　勝
発行 ―― 花伝社
発売 ―― 共栄書房
〒101-0065　東京都千代田区西神田2-7-6 川合ビル
電話　03-3263-3813
FAX　03-3239-8272
E-mail　kadensha@muf.biglobe.ne.jp
URL　http://kadensha.net
振替　00140-6-59661
装幀 ―― 渡辺美知子
装画 ―― 駒見龍也
印刷・製本 ―シナノ印刷株式会社

ISBN978-4-7634-0575-3 C0036